AI 기본사회 구현 전략

노 규 성 지음

AI 기본사회 구현 전략
AI 뉴딜

머리말

절벽 위에 선 대한민국, 새로운 사회계약이 필요하다

대한민국은 지금 한계에 다다랐다. 최악의 저출생, 불평등의 고착화, 청년 세대의 체념, 수도권에의 집중, 지역의 소멸….

그 누구도 피할 수 없는 거대한 구조적 위기 앞에서 이제 더 이상 과거의 방식으로는 답이 없다. 국민소득 3만 달러, 선진국 클럽 가입이라는 외피 안에 숨겨진 '가짜 번영'은 지난 정부의 무능으로 한계를 드러냈다. 누군가는 한 달을 살아내기 어렵고, 누군가는 내일의 희망을 묻어 둔 채 버티고 있다. 이런 상황에서 정치가 다시 국민 앞에 물어야 할 질문은 단 하나다.

"지금 이 나라를 어떻게 다시 세울 것인가?"

바로 이 질문에 답하며 등장한 것이 'AI 기본사회'이다.

이재명 대통령은 수많은 위기를 극복하고 대한민국 21대 대통령이 되었다. 그는 경제·사회·기술 대전환기의 한복판에서 "이제는 기술을 사람을 위한 도구로 바꾸고, 국민 모두가 존엄하게 살아가는 진짜 대한민국을 만들겠다"라며 AI 기본사회를 대한민국의 새로운 국가 비전으로 제시했다.

이것은 단순한 AI 정책이나 디지털 전략이 아니다. AI 기본사회는 새로운 시대의 사회계약이며, 국가가 국민과 다시 맺는 신뢰의 약속이다. 기술은 더 빨라졌고, 자본은 더 강해졌지만, 그 혜택이 모든 국민에게 돌아가지 않는다면 그 기술은 공동체를 해체하는 도구가 된다. 지금 우리는 그 기로에 서 있다.

왜 지금 'AI 뉴딜'인가

AI 기본사회라는 철학은 방향을 제시하지만 방향만으로 길은 만들어지지 않는다. 그 철학을 실행 가능한 전략으로 구체화한 것이 바로 'AI 뉴딜'이다. AI 뉴딜은 단순한 디지털 투자 계획이 아니다. 이는 무너진 사회안전망을 기술로 복원하고, 고장 난 경제 엔진을 AI로 재구성하며, 불평등의 골을 공정한 기회로 채워 넣는 거대한 국가 혁신 전략이다.

'AI가 일자리를 빼앗을 것'이라는 공포 대신 'AI가 더 나은 일자리를 만들 수 있다'는 희망을 현실로 만들기 위해 정부가 시장과 함께, 국민과 함께 과감한 개입과 투자, 제도 개편에 나서야 한다. 그게 바로 지금 이 시기의 AI 뉴딜이다.

이 책은 무엇을 담고 있는가

이 책은 'AI 기본사회'라는 거대한 철학을, 국가가 실제로 어떻게 실행할 수 있을지를 보여 주는 전략서다.

1장은 우리 경제가 왜 이 지경이 되었는지를 짚는다. 저성장과 양극화, 수도권 쏠림과 중소기업의 몰락, 지역 소멸 등 구조적 위기의 실체를 파헤친다.

2장은 AI 기술이 왜 단순한 자동화 기술이 아니라 모든 산업과 삶을 뒤흔드는 게임 체인저인지 설명한다.

3장은 "그래서 우리는 어떤 전략이 필요한가?"에 답한다. AI 뉴딜은 케인즈와 슘페터 전략을 담아 한국형 대전환 전략으로 설계된다.

4장은 '어디로 가야 하는가'에 대해 이야기한다. AI 3대 강국, AI 유니콘 300개, 국민소득 5만 달러 시대라는 비전을 구체적으로 제시한다.

5장은 핵심 실행 전략을 구체적으로 설명한다. 성장동력 창출 7대 과제, 인프라 혁신 9대 과제, 총 16대 정책 과제를 통해 실제로 무엇을, 어떻게 실행할 것인지 답한다.

6장은 AI 뉴딜이 단지 기술 혁신이 아니라 국민 모두의 존엄과 주권을 회복하는 민주주의의 전략임을 강조한다.

왜 이 책을 지금, 당신이 읽어야 하는가

이 책은 전문가를 위한 정책서가 아니다.

정치인이라면 미래를 설계하는 설계 도구로, 공직자라면 철학 있는 행정을 위한 전략서로, 현장 전문가라면 실천 가능한 매뉴얼로 읽힐 것이다.

무엇보다, 이 시대를 살아가는 시민이라면 AI가 나의 삶과 우리 사회를 어떻게 바꿀 수 있을지를 함께 상상하고 실현하는 안내서로 읽히기를 바란다.

우리는 지금, 망가진 과거를 복원할 것이 아니라 새로운 미래를 창조해야 할 전환의 문턱에 서 있다. 《AI 기본사회 구현 전략: AI 뉴딜》은 그 전환의 출발선에 놓인 가장 치열하고, 가장 현실적인 전략서이다. 지금, 이 책에서 그 답을 찾아가시길 바란다.

| 목차 |

머리말   5

1장. 대한민국, 문제는 경제다

AI 시대의 사회학, 결혼은 사치품이 되었나?   13
사람이라고 다를 바 있는가   15
소득 3만 달러인데 왜 내 호주머니는 가벼운가?   18
한강의 기적이 만든 블랙홀, 서울공화국의 심화   21
5만 달러 시대, 쌓인 숙제를 해결해야 가능하다   24

2장. 이미 와 있는 미래, AI 혁명

변혁적 혁신이 오고 있다   29
기술 혁신의 고민, 인간의 일자리는 사라지는가?   32
고용 있는 성장, AI 혁신으로 열어 간다   35
인구 감소의 충격, AI 혁명은 완충재다   37
AI 혁명은 생산성 혁명이다   41
이제는 혁신 성장이다   44

3장. 그래서 AI 뉴딜이다

최초의 뉴딜, 왜 등장했는가?   51
뉴딜, 희망을 쏘아올리다   54
AI 뉴딜, '케인즈'와 '슘페터'가 함께한다   56
AI가 좋은 일자리를 늘린다   61
AI 활용 역량, 기업의 경쟁력을 좌우한다   65
AI, 서비스업의 생산성 혁신 동반자   69
AI 뉴딜, 사람 사는 세상을 지향해야 한다   73

4장. AI 뉴딜, 어디로 가야 하는가?

AI 뉴딜, 국가를 혁신한다	79
AI 뉴딜, 중소기업·스타트업에 집중한다	83
AI 뉴딜, 좋은 일자리를 추구한다	87
AI 뉴딜, 정부는 테스트베드이다	91
AI 뉴딜, 균형 발전을 지향한다	95

5장. AI 뉴딜, 어떻게 할 것인가?

AI 뉴딜, 생존이자 미래 전략이다	101
지금은 정부의 역할이 중요하다	107
비전 실현을 위한 전략적 접근	110
성장동력 정책 1. 제조업 및 주력 산업의 AX	115
성장동력 정책 2. 중소기업·소상공인의 AI 스케일업	124
성장동력 정책 3. AI 스타트업 및 유니콘 육성	130
성장동력 정책 4. AI 기반 공공 혁신을 통한 신시장 창출	137
성장동력 정책 5. AI 융·복합 신산업 육성	146
성장동력 정책 6. 지역 특화 AI 클러스터 구축	153
성장동력 정책 7. AI 기반 녹색산업 혁신	161
인프라 혁신 정책 1. AI 인재 양성 체계 혁신	168
인프라 혁신 정책 2. AI 연구개발 생태계 혁신	174
인프라 혁신 정책 3. 데이터 자원 확보 및 활용 인프라 고도화	178
인프라 혁신 정책 4. AI 컴퓨팅 인프라 확충	182
인프라 혁신 정책 5. 법·제도 및 규제 합리화	186
인프라 혁신 정책 6. AI 신뢰성·윤리 기반 구축	191

인프라 혁신 정책 7. AI 분야 투자 및 재정 지원 연계	196
인프라 혁신 정책 8. 거버넌스 및 협력 인프라 확충	200
인프라 혁신 정책 9. AI 보안·사이버 방어 체계 구축	204
AI 뉴딜 정책, 우선순위를 토대로 단계적으로	208
AI 선도국과의 경쟁과 협력	215

6장. 국민주권 대한민국으로 가는 새로운 동력

AI 기본사회의 실현 도구, AI 뉴딜	223
포용적 혁신 성장으로 향하는 질주, AI 뉴딜	228
모두가 행복한 5만 달러 시대, AI 뉴딜로 열자	232

1장

대한민국,
문제는 경제다

AI 시대의 사회학, 결혼은 사치품이 되었나?

최근 "AI 발전으로 인류의 미래가 걱정된다"라는 견해가 증가하고 있다. 그러나 많은 전문가는 AI보다 더 걱정되는 것은 선진국들의 저출산이라고 입을 모은다. 특히 우리의 상황은 심각하다. 기술은 발전하지만, 그것을 활용할 사람이 없다면 무슨 의미가 있겠는가? 따라서 우리나라의 경우 AI 기술의 발전과 함께 인구구조 변화에 대한 종합적인 대응이 필요하다는 의견이 많다.

세계적인 인구학자인 데이비드 콜먼 교수는 SBS D포럼에서 "한국은 저출산 문제 해결에 실패하면 세계 최초의 인구 소멸 국가가 될 수 있다"고 경고했다. 그는 특히 우리나라의 낮은 출산율과 고령화 속도가 세계에서 가장 빠르다는 점을 지적했다.

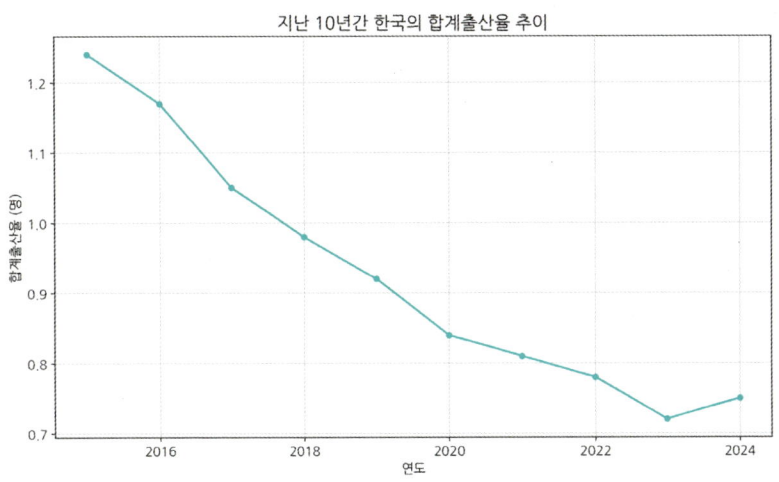

[그림 1] 지난 10년간 한국의 합계출산율 추이

콜먼 교수의 걱정은 근거가 있다. 우리의 출산율은 2015년 1.24명에서 2023년 0.72명으로 지속적으로 하락하면서 세계 역사상 유례없는 초저출산 기록을 세우고 있다. 2024년에는 0.75명으로 다소 반등하긴 했다. 그의 염려가 무엇 때문인지 이해하기 위해선 동물행동학을 살펴보아야 할 것 같다.

유럽과 아시아 전역의 숲 가장자리, 햇볕이 잘 드는 풀밭, 습지 가장자리 등지에서 주로 서식하는 콤마나비 *Polygonia c-album* 라는 곤충이 있다. 이 나비는 나무 수액, 과일즙, 들꽃의 꿀, 때로는 유기물질이 남아 있는 동물 사체까지도 섭취하며 살아간다. 이들의 날개 아래에는 쉼표(,) 모양의 은색 무늬가 있어 포식자를 혼란시키는 위장 효과를 발휘한다.

[그림 2] 콤마나비

번식기가 되면 수컷 콤마나비는 영역을 확보하고, 그 안으로 암컷을 유인하여 교미를 시도한다. 이때 수컷은 암컷에게 '혼례 선물'이라 불리는 정자포 spermatophore 를 제공한다. 이는 단순한 정자 전달 장치가 아닌, 단백질과 영양분이 포함된 고급 생식 투자물이다. 암컷은 이

선물의 크기와 품질을 평가한 뒤 짝짓기 상대를 선택한다.

콤마나비 수컷은 성장 과정에서의 영양 상태와 체격에 따라 번식 전략이 달라진다. 체격이 크고 건강한 상위 수컷은 고영양의 혼례 선물을 제공하며 경쟁력 있는 영역을 차지해 암컷의 높은 선호를 받는다. 중간 크기의 수컷은 상대적으로 덜한 자원을 바탕으로 정성껏 혼례 선물을 준비하고 틈새 영역에서 기회를 노린다. 상위 수컷이 없을 때에는 비교적 높은 성공률을 보인다. 반면, 가장 작은 수컷은 선물 준비가 어렵고 영역 확보에도 실패해 암컷의 방심을 틈타 강제적으로 접근하지만 이 방식은 번식 성공률이 매우 낮다.

이처럼 콤마나비의 번식 전략은 단순한 생물학적 본능을 넘어, 자원의 분배 구조와 경쟁, 전략의 계층화가 명확히 드러나는 생태계의 축소판이다. 이러한 현상을 '조건적 성 전략conditional mating strategy'이라 부르기도 한다.

사람이라고 다를 바 있는가

사회생물학자들이 인간 사회에도 이러한 동물들의 전략을 적용해볼 수 있다고 했을 때 여성 운동계를 중심으로 거센 반발이 일어났다. 사회생물학이 정립되던 시기에 빚어진 해프닝이다. 그러나 부의 분배 문제를 다루는 경제학의 관점에서 보면 사회생물학의 관점은 나름 일리가 있다. 생물학적 조건에서 벗어나 살 수 있는 인간은 없으며 우리는 생각 이상으로 경제의 영향을 크게 받는다. 생물학과 경제학의 차원에서 인간은 콤마나비와 상당히 닮은 점이 있다는 것이다. 단지 다른 전략을 쓸 뿐이다.

자원이 극도로 불평등하게 분배된 사회에서 결혼과 출산은 사치품이다. '3포 세대'라는 말이 나온 지 10년이 지난 지금, 2025년의 청년들은 '9포 세대'가 되었다. 연애, 결혼, 출산은 물론이고 내 집 마련, 인간관계, 꿈, 희망, 건강, 노후까지 포기한다는 것이다. '조건적 성 전략'이 인간 사회에도 그대로 작동하고 있는 것이라고 봐도 될까?

　경제학자들이 경기를 전망할 때 가장 큰 변수로 삼는 것을 꼽으라면 단연코 인구이다. 인구는 1차적으로 소비 여력과 맞물려 있고 2차적으로는 노동 공급 지표를 해석하는 단서이다. 알다시피 대한민국은 출산율이 줄고 있다. 고도성장을 멈추고 경제가 성숙기에 접어든 나라에서 출산율이 줄어드는 것은 일반적인 현상이다. 다만, 우리의 경우 그 속도가 너무 가파르고 파괴적이다. 인구 유지에 필요한 최소선인 출산율 2.1로 내려앉은 이후, 위기선인 1.3명 아래에서 20년 넘게 요지부동이더니 지난해에는 0.75명을 낳았다. 이는 초저출산 문제로 씨름하는 국가 중에서도 가장 낮은 수치에 해당한다.

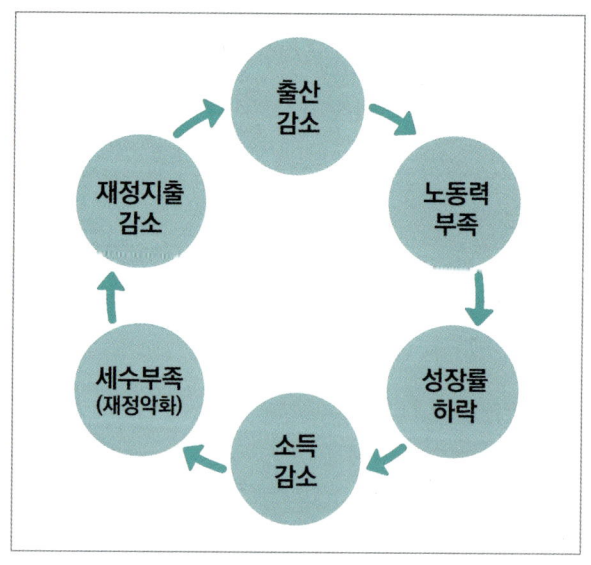

[그림 3] 저출산과 소득의 악순환 고리

출산이 감소하면 노동력이 부족해진다. 노동력이 부족하면 성장률이 떨어지고 성장률의 하락은 소득 감소를 야기한다. 국민소득이 감소하면 정부의 세수가 부족해지며 이는 재정 악화로 이어진다. 정부 재정까지 악화되면 그때는 경제성장을 위해 할 수 있는 일이 없다. 더 큰 문제는 이 구조가 도돌이표 악순환에 갇힐 수 있다는 점이다. 그 심각성을 알았기에 지난 정부들은 5년마다 저출산 대책으로 100조 원이 넘는 예산이 투입한 것이 아닐까?

'덮어놓고 낳다간 거지꼴 못 면한다'며 산아 제한 정책을 펼쳤던 것이 1960년대였다. '하나씩만 낳아도 삼천리는 초만원'이라며 무료 불임수술을 찾아다니며 해 주던 때가 1980년대이다. 인구 대비 GDP 규모가 크지 않던 시절, 조금이라도 잘 살기 위해선 먹는 입부터 줄여야 했다. 그런데 선진국의 기준인 1인당 국민소득 3만 달러를 넘어섰음에도 여전히 먹는 입을 줄이는 방향으로 대한민국이 가고 있다는 것은 무엇을 말하는 것일까? 100조 원이 넘는 예산을 투입했음에도 출산율이 하락했다는 것은 문제의 답을 잘못 구했다는 뜻이 아닐까?

저출산과 같은 사회 문제는 사회 제도와 구조의 결함으로 발생한다. 하지만 사회 정책만으로는 이 문제가 풀리지 않는다. 대통령 직속 저출산·고령사회위원회, 여성가족부, 보건복지부만으론 이 문제를 해결할 수 없다. 혈세만 낭비하는 선심성 대책과 캠페인성 구호만 양산할 뿐이다. 사회 문제의 기저엔 경제 문제가 자리 잡고 있다. 경제 문제가 풀려야 비로소 사회 정책도 효과를 발휘한다. 문제는 경제다.

소득 3만 달러인데 왜 내 호주머니는 가벼운가?

콤마나비에게 나무 수액, 과일즙, 들꽃의 꿀, 곤충의 사체는 재화에 해당한다. 이를 통해 혼인이라는 가치재를 구매할 수 있으며 자손을 남길 수 있다. 인간도 예외는 아니다. 혼인이라는 가치재를 구매하기 위해서는 재화가 있어야 한다. '가난이 창문으로 들어오면 사랑은 대문으로 달아난다'는 프랑스 속담처럼 낭만으로 유지되는 사랑은 존재하지 않는다. 달라이 라마_{비폭력 독립운동을 하며 티베트 망명 정부를 이끈 평화운동가}도 젊은 시절에 이 부분이 가장 고민되었다고 한다. "어떻게 가족을 부양할 것인가?" 태어나자마자 달라이 라마_{Dalai Lama}가 된 그로선 아마도 뾰족한 답을 찾기 어려웠을 것이다.

소득이 있어야 가족을 꾸리고 부양할 수 있다. 소득에는 일을 해서 버는 근로소득, 부동산과 같은 자산을 통해 얻는 재산소득, 상속이나 증여를 통해 발생하는 자본 수취 등이 있다. 부모의 경제력에 의해 태어나면서부터 계급이 결정된다는 '흙수저, 금수저' 논란의 주된 요인인 재산소득과 상속은 논외로 하자. 가계소득의 대부분은 근로소득으로 발생한다.

우리나라는 2019년 1인당 국민소득 3만 달러를 달성했다. 2024년에 국민소득은 3만 6,600달러이다. 이는 세계에서 스물아홉 번째로 잘사는 국가라는 의미이며, 인구 5,000만 명 이상 국가 중에선 여섯 번째로 부유한 나라가 되었다는 뜻이다. 우리 돈으로 대략 5,145만 원의 연소득이니, 4인 가족이라면 산술적으로 가구 소득이 2억 600만 원이다. 그러나 이 풍요를 체감하는 국민은 거의 없다. 왜일까?

1인당 국민총소득은 기업이 벌어들인 돈_{31.2%}, 세금과 4대 보험 등으로 정부가 가져가는 돈_{15.5%}, 그리고 국민이 벌어들인 돈_{53.3%}을 모두 합해 인구로 나눈 값이다. 이 통계의 세계에선 삼성전자도 한 사람이고, 정부도 '한 명'의 국민이다.

또 53.3%에는 삼성의 이재용 회장과 현대자동차의 정몽구 회장의 소득과 중소기업에 다니는 직장인의 소득도 합산된다. 정규직의 53.5% 수준의 임금을 받는 비정규직의 수입도 포함되며 최저임금을 받는 아르바이트생의 임금도 들어간다. 여기에 '평균의 함정'이 숨어 있다. 평균의 세상에선 평균 수심 30cm 냇물에서 익사할 수가 있다. 발바닥을 겨우 적실만큼 찰랑거리는 개울물 어딘가에 블랙홀처럼 깊은 구멍이 있다는 이야기이다.

대한민국의 소득 분배 구조가 이 개울물을 닮았다. 우리나라의 소득 불평등은 심각하다. 세계 불평등 데이터베이스의 자료에 따르면 2024년 우리나라의 상위 10%가 전체 소득의 48.7%를 가져갔다. 이는 2012년의 42.7%에서 크게 상승한 수치로, OECD 국가 중 미국 49.3%에 이어 두 번째로 높은 불평등 지수이다. 2027년이면 4만 달러를 돌파할 수 있다는 공공의 장밋빛 청사진에 대다수의 국민이 반응하지 않는 것은 이 이유에서이다. 부가 편중되어 성장하는 한 4만 달러는 가진 자들만의 꽃놀음이다.

실제 지난 20년 동안 국민총소득에서 기업이 차지하는 비중과 가계가 차지하는 비중을 조사한 결과를 보면 우리가 어떻게 성장해 왔는지를 알 수 있다. 한국은행이 발표한 자료에 따르면, 1998년 국민총소득에서 72.8%를 차지했던 가계소득은 2025년 53.3%로 추정되어 19.5%나 감소했다. 반면, 기업소득 비중은 13.9%에서 31.2%로 두 배 이상 증가했다. 가계소득은 줄고 기업소득은 늘어나는 방향으로 성장해 온 것이다. 이 말은 국민들의 호주머니는 가벼워지고 기업은 그만큼 부유해지는 방향으로 '성장'해 온 것이다.

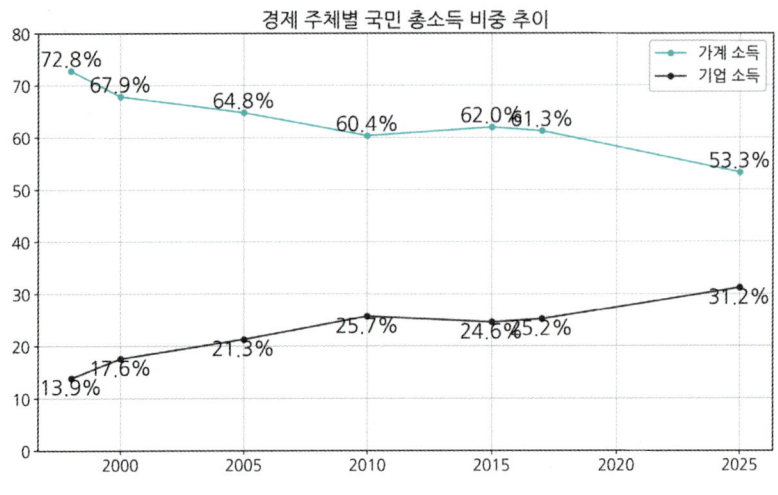

[그림 4] 경제 주체별 국민총소득 비중 추이

현재 1인당 국민총소득이 5만 4,000달러인 독일에서는 가계소득 비중이 68%이다. 같은 5만 달러라 가정할 때 독일 국민들은 1인당 연간 2만 4,888달러의 수입을 얻는다. 반면, 가계소득 비중이 53.3%인 우리는 1만 9,398달러가 돌아온다. 단순 계산으로도 한국인은 독일인보다 5천 490달러, 한화로 약 768만 원을 덜 받는 셈이다. 총소득이 같을지라도 삶의 질에서 차이가 날 수밖에 없다. 게다가 1만 9,398달러에도 평균의 함정이 숨어 있다. 개인으로서의 이재용과 정몽구 회장의 소득이 포함되기 때문이다.

이른바 '일론 머스크의 역설'이다. 예닐곱 명이 모인 동네 술집에 일론 머스크가 들어가는 순간, 가게 안 사람들의 평균 자산은 급등한다. 하지만 각자의 주머니 사정은 전혀 달라지지 않는 것과 같다. 허름한 술집을 하나의 국가라고 생각해 보자. 일론 머스크는 기업주이고 술집 안의 예닐곱 명은 미래에 한 가정을 책임지게 될 예비 가장들이다. 이들은 소득이 늘어야 가정을 꾸릴 수 있다. 소수의 '왕벌'들이 국가 생산의 부를 독식하는 한, 다수의 '일벌'들은 하루하루 생존만을 고민할 수밖에 없다.

1997년 외환위기 이후 우리나라는 IMF에 의해 미국식 신자유주의 경제 질서 안에 강제로 편입되었다. 지난 20여 년 동안 대한민국은 이 경제 패러다임 안에서 움직였다. 이명박 정권에서는 신자유주의에 기반한 정책이 본격적으로 추진된 시기이기도 하다. 하지만 신자유주의자들의 주장과는 달리 낙수 효과는 없었다. 오히려 부의 양극화만 깊어졌다. 2008년 금융위기 이후 세계가 저성장의 늪에서 헤어나지 못하는 이유에는 이런 부의 양극화가 한 원인이다. 불평등은 지속 가능한 성장을 가로막는다.

한강의 기적이 만든 블랙홀, 서울공화국의 심화

서울공화국이라는 말엔 우리 경제성장의 모순이 집약되어 있다. 부존자원도 없고 축적된 자본도 없던 시절, 성장하기 위해선 '선택과 집중'이라는 효율성을 추구해야 했다. 외국으로부터 들어온 차관이나 원조는 철강이나 조선, 석유화학과 같은 기간산업 분야에 집중 투자되었다. 대기업이 주력할 산업 품목을 정부가 직접 지정하기도 했다. 이로 인해 1990년대에 이르러 대기업은 제조업 대부분의 영역에서 국제 경쟁력을 얻게 된다.

단기간에 산업 경쟁력을 확보하기 위한 효율성 추구는 국토 공간 활용에도 그대로 드러난다. 산업 인프라가 서울과 부산을 축으로 깔리면서 수출을 중심으로 하는 대도시 경제권과 내수시장을 위주로 하는 지방 중소도시 경제권으로 갈라진 것이다. 1960~80년대, 경부라인을 중심으로 한 성장은 한정된 자원으로 규모의 경제를 이루고 성장하는 긍정적인 측면이 있었다. 하지만 이는 심각한 지역 격차를 야기했으며 갈수록 심화되고 있다. 경제성장의 지역 편중이 얼마나 심각했는가는 행정구역이 광역시로 개편되기 전, 자조 섞인 농담에서 단적으로 드러난다.

1995년 주요 대도시가 광역시로 개편되기 전, 우리나라 행정구역은 서울특별시, 부산직할시, 대구직할시, 광주직할시 등으로 나뉘었다. 그중에서 부산직할시만을 따로 부르는 명칭이 있었는데 바로 '부산특할시'다. 주로 부산과 지리적으로 인접한 대구에서 회자하던 별칭으로 같은 직할시로 분류하기에는 경제 규모가 유달리 크다는 의미였다. 경부라인의 한 축이면서 고도성장기 섬유산업의 메카였던 대구가 부산과의 격차를 이렇게 자조할 정도였다면 다른 지역의 경제력은 어느 수준인지 짐작할 수 있을 것이다.

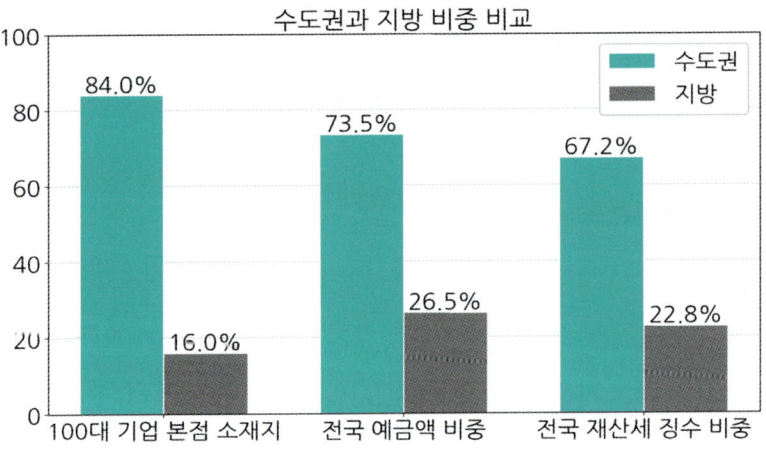

[그림 5] 수도권과 지방의 경제 격차 비교

하지만 '특할시' 부산의 위상도 '특별시 서울'에 비하면 아무것도 아니다. 매출액을 기준으로 우리나라 10대 기업의 100%, 100대 기업의 84%, 1,000대 기업의 75%가 서울 권역 수도권에 집중되어 있다. 기업이 여기에 집중되어 있으니 인구도 절반 이상이 수도권에 몰려 산다. 서울만 한정했을 때 부산보다 인구가 3배나 많다. 전국 예금액의 76.5%가 수도권에 예치되어 있고, 재산세 징수의 67.2%도 여기서 발생한다. 정치와 경제뿐만 아니라 행정, 교육, 문화, 예술 등 모든 분야의 역량이 서울 한곳에 집중되어 있다.

수도권 집중으로 인한 주택 문제, 환경 문제는 이 책의 주제가 아니니 논외로 하자. 도시계획 전문가들과 여타 학자들의 입을 빌리지 않더라도 수도권으로 인구가 집중되는 가장 큰 원인은 일자리다. 어떤 인구 분산 정책도 효과가 없었던 것은 양질의 일자리가 경부라인, 그것도 수도권에 집중되어 있기 때문이다. 2030년부터 본격적으로 인구 감소가 시작되면 30%의 지자체가 10년 안에 소멸할 것이라는 전망이 있다. 수도권, 경부라인의 동력으로 성장하는 전략은 한계가 왔다. 너무 많은 기회비용과 지역 경제의 희생이 따른다. 각 지역에 있는 산업이 활성화되어야 하고 지역에 맞는 색의 옷을 입어 대한민국 발전의 근간이 되어야 한다.

윤석열 정부는 '지방시대'를 강조했음에도 불구하고, 지역 경제는 더욱 침체되었다. 세종시처럼 정부 기관을 이전하거나 대기업의 투자를 지방으로 유도하는 단기적인 전략으로는 국토 균형 발전이 불가능하다. 모든 지자체가 쇠락을 막기 위해 노력하고 있지만 대부분 대증요법열이 나면 얼음주머니를 대는 것처럼 병의 원인이 아닌 겉으로 드러난 증상에 대응하는 방법일 뿐이다. 예컨대 출산 장려금을 지급하는 방식으로는 인구 소멸을 막을 수 없다. 최고 1,000만 원의 출산 장려금을 지급한 정읍시가 대표적이다. 출산율은 늘었지만 인구는 늘지 않았다. 장려금을 받은 후 대도시로 이사를 가 버렸기 때문이다.

AI와 디지털 전환으로 지역 격차는 더욱 심화되었다. 디지털 인프라가 잘 갖춰진 수도권과 그렇지 못한 지방의 격차는 점점 커지고 있다. 2023년 한국디지털경제연구원의 자료에 따르면, AI 관련 스타트업의 92%가 서울에 위치해 있으며, 디지털 인프라 투자의 81%가 수도권에 집중되어 있다. 장기적인 전략과 본질적인 변화가 있어야 한다. AI로 산업 환경이 격변하는 지금이 최적의 시간이다.

5만 달러 시대, 쌓인 숙제를 해결해야 가능하다

한국은행의 전망에 따르면, 2027년까지 1인당 국민소득은 4만 달러까지 상승할 것으로 예상된다. 하지만 4만 달러는 저절로 얻어지는 것이 아니다. 3만 달러를 달성한 후 소득이 정체되는 나라도 있으며 퇴보하는 국가도 있다. 2008년 3만 달러를 돌파한 스페인과 그리스는 2016년 각각 2만 달러대와 1만 달러대로 후퇴한 바 있다. 1992년 세계에서 가장 먼저 3만 달러를 달성한 일본은 30년 넘게 3만 달러의 늪에 갇혀 있다. 반면, 일본보다 5년 늦은 1997년 3만 달러를 달성한 미국의 경우 2024년 8만 9,000달러로 성장했고, 1995년 3만 달러를 달성한 독일도 2023년 5만 4,000달러대로 진입했다.

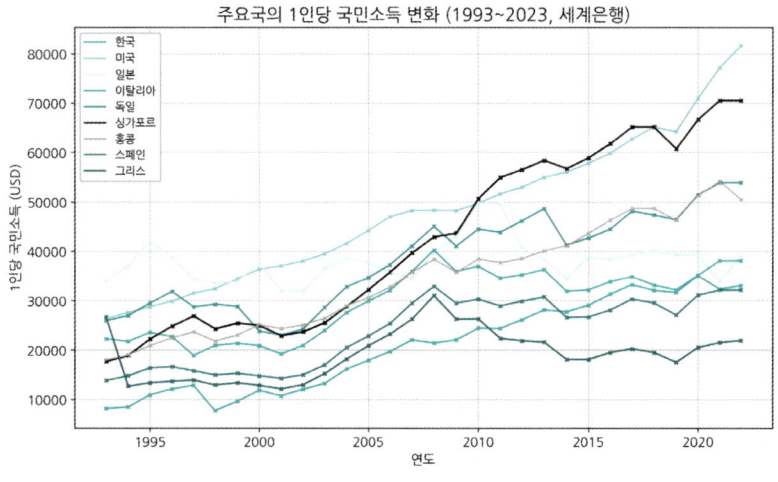

[그림 6] 주요국의 1인당 국민소득 변화 추이

    성장하느냐, 후퇴하느냐 혹은 정체되느냐는 경제 구조를 얼마나 잘 개혁하느냐에 달렸다. 독일의 경우 동독과의 통일 이후 과도한 재정 부담으로 2만 달러로 추락을 경험한 바가 있다. 하지만 경제, 세제, 교육, 노동, 복지, 연구개발R&D 등에서 완전히 판을 새로 짜는 과감한 구조조정을 통해 4만 달러 국가로 진입할 수 있었다. 반면, 일본은 30년 가까이 정체되어 있었다. 부동산 버블 붕괴에 따른 금융 부실이 가장 큰 요인으로 지목되었지만 진짜 원인은 경제 체질 개선을 위해 정부가 거의 아무것도 하지 않았다는 데 있다.

    뛰어난 인적자원, 세계 최고의 기술력, 한때 세계 50대 기업의 3분의 2를 차지했던 경쟁력에 자만한 탓인지 2001년까지 일본 정부의 대응 전략은 세계 경기가 회복되면 어려운 현안이 저절로 해결될 것처럼 안이하고 느슨했다. 대책을 내놓아도 너무 늦거나 소극적이었다. 공적 자금을 제때 투입하지 못했고 부실기업을 과감히 정리해 생산성을 제고하려는 노력을 기울이지도 않았다. 여기에 1990년대 중반 인구 고령화에 따른 생산 가능 인구가 감소하면서 상황은 더 어려워졌다.

2025년 현대경제연구원이 발표한 〈AI 시대의 국가 성장 전략〉 보고서에 따르면, 성공적으로 5만 달러 시대를 이어가는 국가들의 공통점은 다음과 같다. ① 혁신 기반 성장 구조, ② 높은 노동생산성, ③ 공정한 분배 시스템, ④ 낮은 실업률, ⑤ 건전한 국가 재정, ⑥ 적정 수준의 출산율, ⑦ AI 및 첨단 기술 경쟁력, ⑧ 높은 사회적 신뢰와 통합.

  반면, 성장이 정체되거나 후퇴한 국가들의 특징은 제조업 공동화, 무분별한 재정 투입, 부동산 중심의 경기 부양, 심각한 소득 양극화, 낮은 출산율, 첨단 기술 경쟁력 부재 등이다. 또 부정부패 지수가 높았고 그로 인한 사회적 갈등 역시 높았다. 이탈리아, 스페인, 그리스가 대표적이다.

  우리나라는 어느 쪽에 가까울까? 지난 10여 년간 소득 양극화는 더욱 심화되었고, 청년 실업률은 개선되지 않았다. 디지털·AI 전환에서 미국과 중국에 크게 뒤처졌으며, 거의 모든 산업에서 국제 경쟁력이 심각한 도전을 받고 있다. 부동산 가격은 수도권을 중심으로 일시적 조정 후 다시 상승세를 타고 있으며, 가계부채는 GDP의 108%까지 치솟았다. 계엄 사태로 빚어진 국가적 위기 상황으로 사회적 갈등은 더욱 심화되었다.

  5만 달러 시대를 더불어 함께 이루려면 우리는 이 모든 문제를 해결해야 한다. 그리고 그 해결의 열쇠는 AI 혁명의 성공적 안착에 달려 있다. AI는 우리 앞에서 걸음을 재촉하고 있으며, 이를 어떻게 활용하느냐에 대한민국의 미래가 달려 있다. 정치인이든, 공무원이든, 기업인이든, 평범한 시민이든 지금 이 문제를 외면할 수 없다. 지금 행동하지 않는다면, 우리의 다음 세대는 없을지도 모른다. 그것이 바로 '문제는 경제다'라고 외치는 이유이다.

2장

이미 와 있는 미래, AI 혁명

변혁적 혁신이 오고 있다

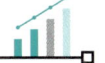

2016년 세계경제포럼에서 클라우스 슈밥 회장이 "세계는 지금 4차 산업혁명 시대에 들어서 있다"고 선언한 지 거의 10년이 지났다. 당시 이 말의 의미를 곧바로 이해한 사람은 많지 않았지만, 2025년 우리는 그 현실을 매일 체감하고 있다. 2016년 알파고와 이세돌의 바둑 대결이 4차 산업혁명의 서막이었다면, 2022년 등장한 챗GPT는 AI 혁명의 본격적인 시작을 알리는 신호탄이었다.

과거 AI가 특정 영역에서만 인간을 능가했다면, 지금은 언어 이해와 생성, 문제 해결, 창의적 작업까지 인간 수준에 근접하거나 넘어서고 있다. 2023년 등장한 GPT-4는 변호사, 의사, 프로그래머 등 전문직 시험을 인간 상위 10% 수준으로 통과했다. 2024년에는 일반화된 AI 모델들이 등장해 단일 모델로 텍스트, 이미지, 음성, 동영상을 모두 처리할 수 있게 되었다.

AI 혁명은 이전의 산업혁명과 근본적으로 다르다. 증기기관[1차], 전기와 컨베이어벨트[2차], 컴퓨터와 인터넷[3차] 기반의 혁명이 인간의 노동력을 개선하는 도구의 발명이었다면, AI 혁명은 인간의 지식 노동과 창의성까지 모방하고 확장하는 것이 목표이다.

우리 주변에서 이미 AI는 일상이 되었다. 2022년 AP통신과 블룸버그에서 기업 실적과 같은 데이터 기사를 작성하던 AI는 이제 심층 보도와 분석 기사까지 작성한다. 국내 주요 언론사들도 AI 기자를 도입해 일상적인 뉴스 생산에 활용하고 있다.

인사 부문에서도 AI는 혁명적 변화를 가져왔다. 2025년 현재 국내 대기업 다수가 AI를 활용한 채용 시스템을 도입했고, 이는 채용 과정의 시간을 60% 이상 단축시켰다. 중소기업도 정부 지원 AI 채용 플랫폼을 통해 인재 채용에 소요되는 비용을 크게 줄였다.

이러한 일이 가능해진 근본적인 이유는 빅데이터와 컴퓨터 성능의 폭발적 향상, 그리고 이를 학습하고 활용할 수 있는 AI 알고리즘의 발전이다. 여기에 더해 대한민국은 세계 최고 수준의 인터넷 환경과 디지털 인프라를 바탕으로 AI 도입의 최적 조건을 갖추고 있다.

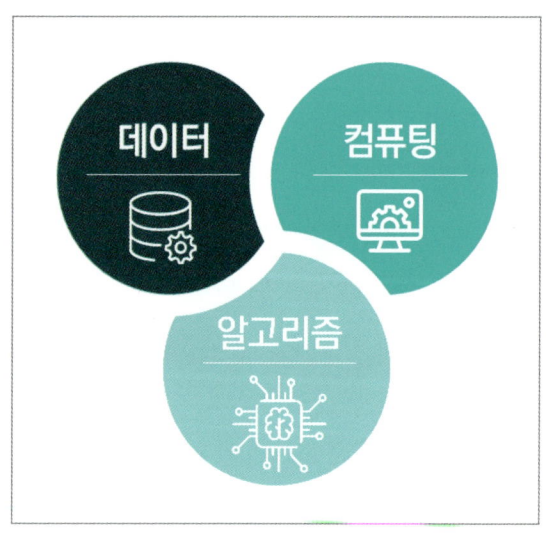

[그림 7] 인공지능의 핵심 요소

AI 혁명은 산업계를 넘어 정부, 법률, 교육, 의료, 금융 등 모든 영역에서 급격한 변화를 일으키고 있다. 2024년부터 서울과 부산의 일부 초등학교에서는 AI 튜터Tutor가 학생 개개인의 학습 수준에 맞춘 맞춤형 교육을 제공하고 있다. 대형 병원들은 AI 진단 시스템으로 의료 효율성을 크게 향상시켰다.

하지만 이러한 변화는 예측 불가능한 파급력을 갖고 있다. AI가 가져올 미래에 대한 정확한 예측은 불가능하지만, 각 기술이 융합되고 새로운 혁신이 나오는 과정에서 전혀 예상하지 못한 산업과 일자리가 등장할 것은 분명하다. AI 혁명은 앞으로 수십 년간 우리 사회와 경제 전반에 엄청난 영향력을 행사할 것이다.

기술 혁신의 고민, 인간의 일자리는 사라지는가?

1984년 버스 안내라는 직업이 자동문과 안내 방송의 도입으로 사라진 것처럼, AI 시대에도 많은 직업이 위협받고 있다. 그 이유는 놀라운 AI의 발전 속도 때문이다. 2022년 MIT가 개발한 산업용 로봇은 작업자의 동작을 관찰한 후 이를 학습해 즉시 작업에 투입될 수 있었다. 저비용 산업용 로봇은 최저 시급과 비교해도 매력적이며 24시간 쉬지 않고 일할 수 있다. 2024년에는 이 로봇의 성능은 지속적으로 개선되고 있음에도 가격은 크게 하락하고 있다.

일자리, 줄 것인가? 늘 것인가?

2023년 옥스포드대학 연구팀은 미국 직업의 약 47%가 향후 20년 내에 AI에 의해 자동화될 위험이 있다고 발표했다. 2025년 현재, 이미 콜센터 상담원, 데이터 입력원, 번역가, 경리 직원 등의 직종에서 AI 대체가 본격화되고 있다. 국내의 경우 2024년부터 AI 도입으로 5년간 약 3만 4,000개의 일자리 감소가 예견되고 있다. 그러한 감소 고위험군 중 금융권 인력도 포함된다. 즉 단순 노동직뿐만 아니라 전문직까지 영향을 받고 있다는 것이다.

그러나 이러한 우려에는 약점이 있다. 기술이 일자리에 미치는 영향을 기술 중심적 관점으로만 바라본다는 것이다. 어떤 직업을 AI가 대체할 것인가라는 관점으로는 새로 생겨날 직업을 정확히 예측하기 불가능하다.

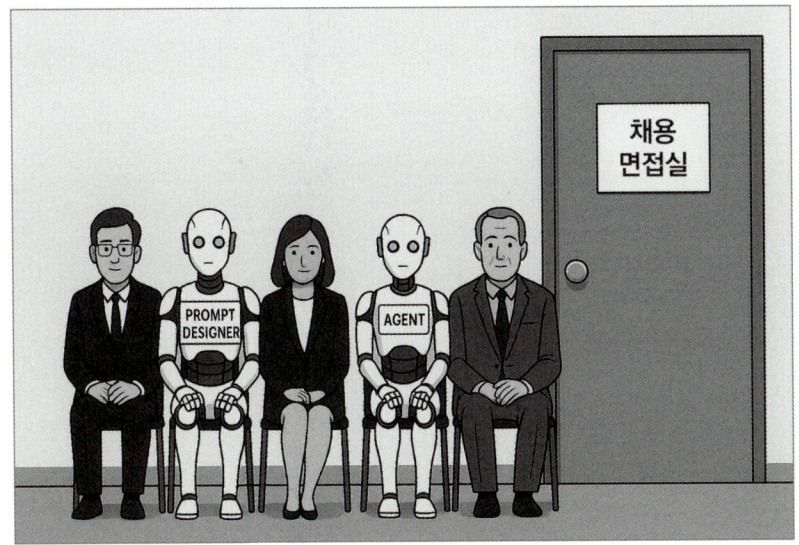

[그림 8] AI 출현으로 인한 일자리 변화

실제로 세계경제포럼WEF은 AI와 자동화로 인해 2030년까지 전 세계적으로 9,200만 개의 일자리가 사라지는 반면, 1억 7,000만 개의 새로운 일자리가 창출될 것으로 전망했다. 이는 AI가 기존 일자리를 파괴하는 동시에 더 많은 새로운 일자리를 만들어 낼 수 있음을 시사한다. 그러나 이러한 예측이 현실이 될지의 여부는 각국의 정책, 노동자 재교육, 기술 도입 속도 등 다양한 요인에 달려 있다. WEF는 노동시장의 구조적 변화에 대비해 대대적인 업무 전환 교육과 역량 강화가 필수적이라고 강조한다.

아직 존재하지 않는 새로운 일자리들

농업 기계화로 인해 농업 인구가 감소하고 농기계 제작 및 수리공이 탄생할 것이라는 예측은 쉽다. 하지만 스마트팜 관리자, AI 작물 진단사, 농업 데이터 분석가, 농업용 드론 전문가 등의 등장을 예상하기는 어렵다. AI 혁명이 거듭될수록 기술 간 융복합이 다양해지고 산업 간 경계가 모호해져 예측이 더욱 어려워진다.

최근의 예로, 2022년 넷플릭스와 디즈니플러스의 국내 진출로 전통적인 방송 산업이 타격을 입으며 많은 제작 인력이 직업을 잃었다. 하지만 동시에 OTT 콘텐츠 기획자, AI 기반 추천 알고리즘 개발자, 데이터 기반 시나리오 작가, 메타버스 콘텐츠 제작자 등 전혀 새로운 직업이 생겨났다.

혁신이 가져오는 실업에 대한 공포는 항상 고용 감소에만 초점이 맞춰져 과장되는 경향이 있다. 1970년대 우리나라 농업 인구는 약 1,400만 명이었지만 지금은 약 240만 명에 불과하다. 사라진 1,160만 명은 다른 일자리로 이동했다. AI 혁명 또한 마찬가지일 것이다. 사라지는 직업과 함께 전혀 예상하지 못한 직업이 나타날 것이다.

미래학자들은 2030년에 등장할 직업의 상당수가 아직 존재하지 않는다고 예측한다. 중요한 것은 변화에 대비하고 적응하는 능력이다. 정부는 2024년부터 'AI 시대 직업 전환 지원 프로그램'을 통해 위기에 처한 직종 종사자들에게 재교육과 전환 교육을 제공하고 있다. 이러한 노력은 더욱 확대되어야 한다.

고용 있는 성장, AI 혁신으로 열어 간다

2008년 금융위기 이후 각국 정부는 고용 없는 성장에서 탈피하기 위한 방안을 지속적으로 모색해 왔다. 세계경제포럼의 조사에 따르면, 각국은 '혁신 촉진, AI 기반 직업 교육, 디지털 인프라 투자'를 주요 해법으로 추진하고 있다. 공통적으로 모두 혁신을 강조한다. 이는 혁신만이 새로운 시장 가치와 수요를 창출할 수 있기 때문이다.

헨리 포드의 자동차 혁신이 대표적인 사례이다. 20세기 초까지 자동차는 부자들의 장난감이었지만, 포드는 컨베이어벨트를 도입하여 생산 시간을 12시간에서 1시간 30분으로 단축했다. 이 혁신은 자동차를 대중화시켰고, 동시에 도로, 주유소, 자동차 정비소, 보험, 교외 도시 등 전혀 새로운 산업과 일자리를 창출했다.

2025년 현재, AI 혁명도 비슷한 패턴을 보이고 있다. 국내 AI 스타트업 '루닛'은 의료 영상 진단 AI를 개발해 의사의 진단 정확도를 20% 이상 향상시켰다. 이는 단순히 의사를 대체하는 것이 아니라, 의료 AI 전문가, AI 판독 결과 검증사, 의료 데이터 과학자 등 새로운 직종을 만들어 냈다.

또한, 네이버와 카카오는 AI 기반 서비스로 개인화된 쇼핑 경험을 제공하며 온라인 커머스 시장을 확대했다. 이 과정에서 AI 큐레이터, 개인화 서비스 기획자, 데이터 윤리 전문가 등의 새로운 직업이 등장했다.

[표 1] AI 활용에 의한 일자리 변화 예시

산업 분야	AI 활용 사례	기존 직무 변화	새롭게 등장한 직업
의료	루닛의 의료 영상 AI	의사의 판독 보조, 진단 정확도 향상	의료 AI 전문가, AI 판독 결과 검증사, 의료 데이터 과학자
유통/커머스	네이버·카카오의 개인화 추천	소비자 행동 분석 및 맞춤 마케팅 강화	AI 큐레이터, 개인화 서비스 기획자, 데이터 윤리 전문가
교육	AI 튜터링 서비스	교사의 역할 변화 (AI 보조 활용)	AI 교육 콘텐츠 개발자, 학습 데이터 분석가, AI 교육 코치

국내 교육 스타트업들은 AI 튜터링 서비스로 교육의 패러다임을 바꾸고 있다. 학생 개개인의 학습 패턴과 취약점을 분석해 맞춤형 교육 콘텐츠를 제공하는 이 서비스는 교사를 대체하는 것이 아니라, AI 교육 콘텐츠 개발자, 학습 데이터 분석가, AI 교육 코치 등의 새로운 직업을 창출하고 있다.

2024년 한국고용정보원의 조사에 따르면, AI 도입으로 인해 사라진 일자리가 약 32만 개인 반면, 새롭게 창출된 일자리는 약 41만 개로 더 많은 것으로 나타났다. 특히 중소기업에서는 AI 도입을 통해 단순 반복 업무를 자동화하고, 노동자들은 더 창의적이고 가치 있는 업무에 집중하는 경향이 강해졌다.

일본 소프트뱅크의 손정의 회장은 "AI는 인류 역사상 가장 강력한 일자리 창출 엔진이 될 것"이라고 말했다. 단기적으로는 일자리 감소가 있을 수 있지만, 장기적으로는 생산성 향상과 새로운 시장 창출로 더 많은 일자리가 만들어질 것이다.

선진국들이 AI 혁신을 통해 저성장과 고용 문제를 해결하려는 이유가 여기에 있다. 100여 년 전 포드가 이룩한 혁신의 파급력을 당시에는 아무도 예측하지 못했지만, 지금은 그 가능성을 예상하고 국가 차원에서 적극 추진하고 있다. AI 혁명은 새로운 일자리와 산업, 시장, 그리고 사업 방식을 창조할 것이다.

인구 감소의 충격, AI 혁명은 완충재다

우리나라의 인구 감소 상황은 최악을 치닫고 있다. 2023년 출생아 수는 23만 5,000명으로 사망자 수를 밑돌았다. 2024년에는 24만 2,000명으로 소폭 반등했으나, 세계에서 가장 출산율이 낮은 국가이다. 저출산 고령화로 인한 인구 감소는 소비 위축, 생산 가능 인구 감소, 사회보장제도 붕괴 등 경제·사회 전반에 심각한 위협이 된다.

인구 감소에의 대응, 독일에서 배운다

물론 인구 감소는 우리만의 문제가 아니다. 일본, 독일, 이탈리아 등 주요 선진국들도 같은 문제를 겪고 있다. 1가구 1자녀 정책을 폐기한 중국도 출산율 회복에 실패해 인구 절벽을 앞두고 있다.

인구 감소에 제대로 대응하지 못한 일본의 사례가 교훈이 된다. 1990년대부터 인구 감소가 예견되었음에도 적절히 대응하지 못한 일본은 30년간의 경제 침체를 겪었다. 2025년 현재 일본은 인구의 29.1%가 65세 이상인 초고령사회로, 3%의 낮은 실업률에도 소비 부진과 저성장에서 벗어나지 못하고 있다.

반면, 일본에 이어 두 번째로 초고령사회로 진입한 독일은 인구 감소를 기술 혁신의 기회로 삼았다. 2010년부터 '인더스트리 4.0'을 통해 제조업에 디지털 기술을 접목하여 효율성을 높였다. 2020년부터는 'AI 제조업 혁신 정책'의 일환으로 AI를 제조업에 적극 도입했다.

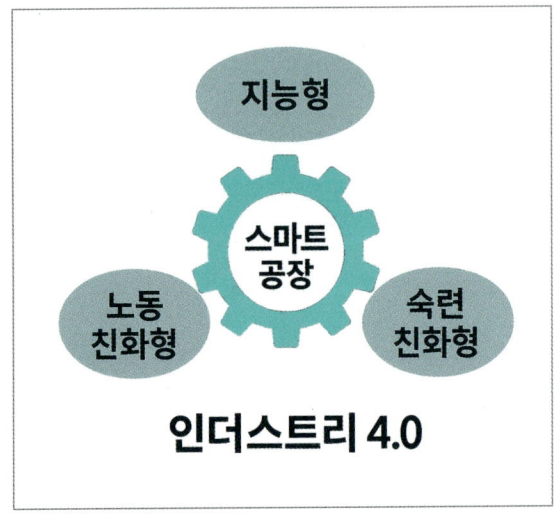

[그림 9] 인더스트리 4.0 인공지능의 핵심 요소

인더스트리 4.0은 노동 친화형, 숙련 친화형, 지능형 제조업의 다른 이름이다. 재교육을 통해 기술 숙련공이 된 고령자들은 높은 임금을 보장받았다. 노동 시간이 단축되었는데도 생산성은 높아졌다. 독일 경제는 "공급은 그 자체의 수요를 창출한다"고 말한 19세기 경제학자 세이의 법칙 Say's Law 대로 돌아갔다. 나이든 노동자들의 수입이 늘면서 여타 재화나 서비스에 대한 수요가 창출되었고 그와 더불어 그러한 재화나 서비스를 지원하는 일자리도 생겨났다. 이로써 독일은 초고령사회에 진입 후에도 평균 성장률 2.1%를 유지할 수 있었다. 이는 초고령사회로 진입한 일본과 이탈리아가 1%대의 성장에서 벗어나지 못한 것과 대조적인 행보였다. 독일의 사례에서 볼 수 있듯 4차 산업혁명은 대량 실업을 야기하는 재앙이 아니다. 인구 감소 시대에도 경제성장을 유지할 수 있는 대안이다.

지금은 AI 혁명이다

우리나라는 여전히 연간 노동 시간이 길고, 시간당 생산성은 선진국 대비 낮다. 우리의 노동생산성은 OECD 37개국 중 26위에 그치며, 미국과 독일의 절반을 조금 넘는 수준이다. 프랑스81.8달러, 영국72.8달러 등 주요 선진국과도 큰 격차를 보인다.

이런 상황에서 AI 혁명은 우리나라의 생산성 배가에 크게 기여할 것이다. 노동력 감소로 인한 생산성 하락도 상쇄할 강력한 수단이다. 2024년 국내 한 자동차 공장은 AI 기반 자동화 시스템 도입으로 생산 인력을 30% 줄이면서도 생산량은 15% 증가시켰다. 노동 시간도 주 52시간에서 40시간으로 줄었지만 생산성은 향상되었다.

AI는 고령 인력의 노동시장 참여도 촉진한다. 육체적 부담이 큰 업무는 AI와 로봇이 담당하고, 경험과 지혜가 필요한 의사결정과 관리 업무는 고령 인력이 맡는 방식이다. 실제로 2024년부터 고령자 친화적 AI 작업 환경을 도입한 기업들에서는 50대 이상 직원의 생산성이 25% 이상 향상되었다.

또한, AI는 인구 감소로 인한 돌봄 인력 부족 문제도 해결하고 있다. AI 기반 돌봄 로봇과 원격 의료 서비스가 확대되면서 적은 인력으로도 더 많은 노인과 환자를 돌볼 수 있게 되었다. 이는 의료와 복지 비용 절감에도 기여하고 있다.

독일의 사례에서 볼 수 있듯이 AI 혁명은 대량 실업의 재앙이 아니라, 인구 감소 시대에도 경제성장을 유지할 수 있는 해결책이다. 우리나라에게는 대기업에 편중된 산업 구조를 개편하고, 경쟁력 있는 중소기업과 양질의 일자리, 불평등한 소득 구조를 개선할 수 있는 기회가 될 수 있다.

통계청의 추산에 따르면, 우리나라의 생산 가능 인구는 2018년부터 이미 감소하기 시작했다. 출산율을 높이기 위한 정책과 함께, AI를 통한 생산성 혁신으로 인구 감소의 충격을 완화해야 한다. AI 혁명은 인구 감소 시대의 생존 전략이다.

AI 혁명은 생산성 혁명이다

최저임금 인상과 근로 시간 단축에 따른 경영계의 우려는 우리가 그동안 어떻게 생산성을 높여왔는지를 잘 보여 준다. 생산성 향상은 크게 두 가지로 설명된다. 하나는 투입되는 비용을 삭감하는 것이고 다른 하나는 부가가치를 높이는 방법이다. 두 가지 중 비용 삭감은 한계가 있다. 노동력, 자본, 시설, 원재료, 에너지 등이 투입 비용인데 어느 것 하나를 제로로 투입하면 생산물이 나오지 않는다. 반면, 부가가치를 높이는 방법은 포드가 이룩한 혁신이 모든 것을 설명한다. 노동, 자본, 기술, 경영의 조화를 통해 생산품의 가치를 높이는 것이기 때문에 비용 삭감과 달리 이론상 생산성 향상에는 한계가 없다.

우리나라의 노동 환경을 대변하는 '저임금·장시간 근로'는 전형적인 비용 삭감에 의한 생산성 향상이다. 2023년 기준 한국의 노동 시간은 연간 1,874시간으로 OECD 평균인 1,719시간보다 여전히 길다. 하지만 시간당 생산성은 OECD 평균의 75% 수준에 불과하다. 노동 시간이 가장 짧은 독일 연간 1,360시간은 시간당 생산성이 한국의 1.4배에 달한다.

이렇게 생산성이 낮은 것을 노동자의 책임이라 할 수 없다. 기술과 자본이 부족했던 개발 독재 시기에는 인력을 많이 투입하고 오래 일하는 것이 유일한 경쟁력이었다. 하지만 21세기 지식 경제에서는 이 전략이 더 이상 유효하지 않다.

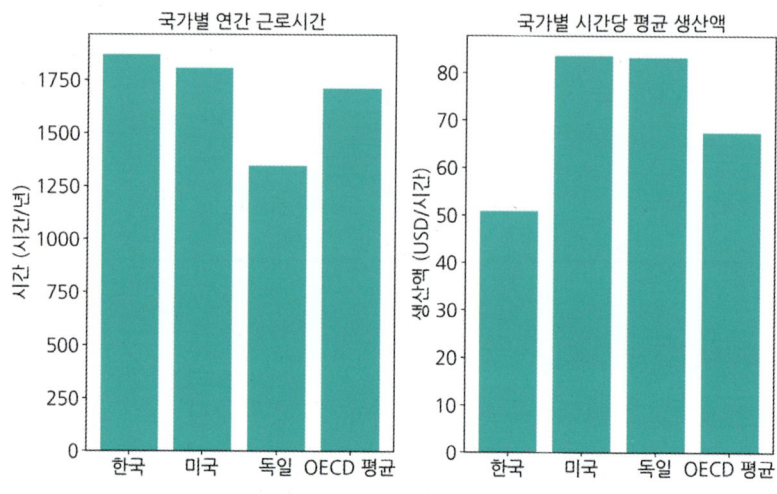

[그림 10] OECD 국가별 연간 근로 시간과 평균 노동생산성 비교

AI 혁명은 바로 이런 우리나라 경제의 패러다임을 바꿀 기회이다. AI를 통한 생산성 혁신은 동일한 노동 시간으로 더 높은 부가가치를 창출하는 것을 의미한다. 실제로 AI를 도입한 국내 기업들의 생산성은 평균 30% 이상 향상되었다.

2024년 포스코의 제철소는 AI를 활용한 공정 최적화로 에너지 사용량을 18% 줄이면서도 생산량은 12% 증가시켰다. 현대자동차는 AI 기반 품질 검사 시스템으로 불량률을 35% 감소시켰고, 농협은 AI 고객 서비스로 상담 처리 시간을 절반으로 줄였다.

중소기업의 사례도 주목할 만하다. 정부의 'AI 중소기업 지원 사업'을 통해 AI를 도입한 중소 제조업체들은 평균 25%의 생산성 향상을 경험했다. 특히 단순 반복 작업을 AI가 담당하면서 노동자들은 더 창의적이고 가치 있는 업무에 집중할 수 있게 되었다.

AI 생산성 혁신의 핵심은 비용 절감이 아니라 부가가치 창출에 있다. 헨리 포드가 자신의 노동자들에게 당시 평균 임금의 5배인 하루 5달러를 지급하면서도 시장을 장악할 수 있었던 이유는 기술 혁신을 통해 생산성을 끊임없이 향상했기 때문이다.

AI 혁명은 정확히 이 방향으로 진행되고 있다. 저임금을 찾아 해외로 떠났던 제조업체들이 AI와 로봇을 활용한 스마트 팩토리를 구축하며 본국으로 돌아오고 있는 현상이 이를 증명한다. 우리도 2022년부터 '리쇼어링 기업'에 대한 지원을 강화하며 제조업의 국내 복귀를 촉진하고 있다.

생산성 향상이란 더 적은 투입이나 더 많은 생산을 뜻한다. 경쟁에서 이기기 위해서는 더 오랜 시간, 적은 임금으로 일해야 한다는 노동 투입형 발상으로는 생산성 중심의 기업을 따라잡을 수 없다. 예컨대 헨리 포드는 자신의 노동자들에게 하루 5달러의 임금을 주었다. 당시 제조업 하루 평균 임금 1달러 20센트에 견주면 터무니없이 높은 임금이었다. 그럼에도 포드는 시장의 지배자가 되었다. 기술 혁신으로 생산성을 끊임없이 향상시킨 덕이다. 이제는 AI를 통한 생산성 혁신으로 노동자들의 삶의 질을 높이면서도 기업의 경쟁력을 강화하는 선순환 구조를 만들어야 한다. AI 혁명은 생산성 혁명의 다른 이름이다.

이제는 혁신 성장이다

미국을 비롯한 주요 선진국들의 경제성장률은 1~2%를 넘기 어렵다. 반면, 개발도상국은 3~5%의 성장률을 기록한다. 논리적으로는 후발주자가 선발주자를 따라잡을 수 있다. 후발국은 선진국이 실패한 사례를 피하고 성공한 것에 자원을 집중적으로 투자할 수 있는 유리한 위치에 있기 때문이다. 하지만 현실에서 이런 일은 잘 일어나지 않는다. 추격에는 성공하지만 추월하는 경우는 드물다. 오히려 그 반대로 도로 내려앉는 경우가 많다. 1960년대 아시아에서 두 번째로 잘 살았던 필리핀과 한때는 프랑스, 이탈리아보다 GDP가 높았고 1970년대까지 경제 부국으로 대접받던 아르헨티나가 대표적이다.

국가의 흥망성쇠를 설명하는 이론은 많다. 대개 자원(석유), 종교, 지리적 위치(중위도 지역), 정치 제도 등에서 원인을 찾지만 딱 맞아떨어지는 것은 아니다. 예컨대 막스 베버는 《프로테스탄트 윤리와 자본주의 정신》에서 경제 발전의 원동력을 기독교에서 찾았지만, 이는 일본과 동아시아의 도약을 설명하지 못한다. 정치 제도에서 찾던 이론 또한 중국과 베트남 성장에 예봉이 꺾인 상태이다. 자원과 지리적 위치는 말할 것도 없다.

그럼 지금은 무엇이 중요한 성장 요인인가? 그것은 혁신이다. 2018년 노벨경제학상 수상자 폴 로머가 이를 설명한다. 그는 물적 자본과 인적 자본의 축적이 어느 단계까지는 경제성장에 중요한 역할을 하지만, 어느 순간에 이르면 기술 자본과 혁신이 더 근본적인 역할을 한다고 했다. 전통적으로는 자본과 노동, 자원 등이 경제 분석의 틀이었다. 반면, 폴 로머는 기술력과 아이디어를 현실화하는 혁신 의지, 또 이를 지원하는 제도적 장치를 경제성장의 요소로 보았다. 예컨대 G7 국가에서는 기술 자본 신기술, 연구인력, 사업화 역량 기업가 등 투자가 생산성 향상에 중요한 역할을 하지만, 개도국은 그렇지 못하다.

[표 2] 전통적 경제학과 혁신 성장 이론의 경제성장 요인 비교

분류	경제성장 요인
전통적 경제학	자본, 노동, 자원
혁신 성장 이론	자본, 노동, 자원 + 기술력, 혁신적 아이디어, 혁신 지원 시스템

추격에 성공하던 중진국들이 선진국의 문턱에서 미끄러지는 것은 과거의 성장 방식 자본과 노동, 자원 등에 집중을 버리지 못하기 때문이다. 낡은 패러다임을 버리고 새로운 패러다임으로 옮겨가는 것은 사실 그 자체로 혁신이다. 하지만 한때 대단히 성공적인 패러다임일수록 새로운 패러다임으로 대체하기가 힘들다.

예컨대 18세기 산업혁명이 일어나기 전 세계를 주도했던 나라는 스페인과 포르투갈이었다. 두 나라는 아라비아 상인들이 독점하던 향신료 중계 무역에서 이익을 창출하고자 신항로를 개척했다. 이때 사용된 기술 자본은 지리학과 장거리 항해술, 대형 선박 건조술이었다. 포르투갈은 후추 무역을 독점했고 스페인은 신대륙에서 금은을 채굴하면서 세계 금은 생산량의 83%를 차지했다. 하지만 이 두 국가는 새로운 패러다임이 도래하면서 몰락한다. 영국에서 일어난 제조업 혁명 때문이다. 이들은 과거의 성공 무역, 광업에 도취되어 산업혁명에 전혀 주의를 기울이지 않았다. 오늘날 G7 국가는 모두 이 패러다임의 전환에 일찍 성공한 나라들이다.

이처럼, 패러다임 전환에 실패하면 어느 나라든 도태될 수밖에 없다. 우리 역시 추격형 성장 모델로 세계 10위권 경제 대국이 되었지만, 2024년 잠재 성장률은 2%대로 하락했다. 이는 성장의 패러다임 전환이 필요하다는 신호이다.

[그림 11] 선박 건조 패러다임 변화와 국가의 위상

대한민국은 두 가지 전환기 앞에 놓여 있다. 하나는 AI 혁명이고, 다른 하나는 추격형에서 선도형 성장으로의 변화이다. 해답은 AI 기반 혁신 성장이나. 2024년 우리나라의 AI 산입 규모는 약 6조 원에 달하며, 대기업과 수천 개의 스타트업이 활동하고 있다. 정부도 AI를 반도체, 배터리와 함께 3대 전략 산업으로 육성 중이다.

AI는 모든 산업의 생산성을 혁신적으로 향상시킬 촉매제이다. 제조업의 스마트화, 서비스업의 개인화, 의료와 금융, 교육 등 전통 산업까지 AI는 새로운 경쟁력을 부여한다. 게임 체인저로서 AI는 우리나라 경제의 새 동력이 될 것이다.

혁신 성장은 단순한 기술 발전이 아니다. 생산성 향상과 새로운 가치·일자리 창출을 이끄는 총체적 변화이다. 이를 위해, 첫째, 공공과 민간의 AI 기반 디지털 전환 가속화가 필요하다. 둘째, AI 혁신을 이끌 인재 양성이 시급하다. 셋째, AI 활용 산업화, 자율주행차, 디지털 헬스케어, 메타버스 등 AI 기반 신산업 육성에 집중해야 한다.

그러나 AI 혁명이 모두에게 혜택이 되기 위해서는 포용적 접근이 필요하다. 노동시장 재편에 대비한 재교육과 사회안전망 강화, 중소기업·소상공인의 AI 도입 지원, 윤리적 AI 사용과 데이터 주권 확보를 위한 제도 마련이 필수적이다.

2025년 현재, AI 혁명은 대한민국 경제의 운명을 바꿀 수 있다. 지금의 선택과 행동이 향후 수십 년의 국가 경쟁력과 국민 삶을 결정한다. 과거에도 우리는 위기를 기회로 바꾸며 성장해 왔다. 이제는 AI 혁명 앞에서 다시 한번 혁신 성장의 기적을 만들어야 한다. 빠르게 변화하는 글로벌 환경에서 과감한 전략만이 지속 가능한 번영을 이끌 수 있다. AI 혁명은 선택이 아니라 생존의 조건이다. 우리 앞에 놓인 혁신 성장의 미래를 향해, 지금 'AI 뉴딜'이 절실하다.

3장

그래서 AI 뉴딜이다

최초의 뉴딜, 왜 등장했는가?

　소비와 생산은 기계의 두 톱니바퀴처럼 맞물려 있다. 소비가 활발해야 생산도 늘어난다. 하지만 부자들의 소비는 경제 활력에 별 도움이 되지 않는다. 소득에 비해 소비가 형편없이 적기 때문이다. 부자들은 아무리 소비해도 시장에 영향을 주지 못한다. 이들의 소득은 대부분 소비되지 않고 자산 증식에 투자된다. 평균 소비 성향을 봤을 때 경제의 선순환을 위해서는 부자 1명이 1,000만 원을 소비하는 것보다 일반인 100명이 각 10만 원을 소비하는 것이 더 중요하다.

　1929년 미국 대공황 당시 상위 1%가 전체 국부의 30~40%를 소유했던 것처럼, 오늘날 우리나라의 불평등 수준도 심각하다. 2025년 현재 한국의 상위 1% 자산 점유율은 25%를 넘어섰고, 부동산과 주식 자산의 양극화는 더욱 심화되었다.

　대공황이 일어나자 3년 만에 미국 전체 노동 인구의 4분의 1인 1,300만 명이 실직했다. 노동력이 남아돌면서 임금은 45%나 삭감되었다. 은행은 약 1만 1,000개가 파산했다. 농민의 3분의 1이 농토를 잃었고 농가 소득은 반토막이 났다. 생산품은 남아돌았지만 소비할 여력이 없었다. 대다수가 절대빈곤선 아래로 추락했다.

　그럼에도 당시 정부는 별다른 조치를 취하지 않았다. 신자유주의의 원형인 고전적 자유주의 경제학의 원칙을 따랐기 때문이다. '경기는 주기적으로 호황과 불황을 오가기에, 불황이 닥치면 호황이 올 때까지 시장에 개입해서는 안 된다'는 것이었다.

굶주림이 만연하고 소비 부진으로 기업이 파산하는 상황에서도 정부는 재정 긴축으로 맞섰다. 다들 번영의 길에서 잠시 미끄러진 것이라 생각했다. 자연재해처럼 시간이 지나면 복구될 것이라 믿었지만 상황은 더욱 악화되었다.

"정부가 내 아내를 설득해 주시오. 이 나라엔 일자리가 없다고."

[그림 12] 1930년대 대공황 시기 일자리를 구하는 시민들

직장을 잃은 가장들이 거리에서 절규했지만, 원인을 아는 사람도, 해결책을 제시하는 사람도 없었다. 자유주의 경제학을 넘어서기 위해선 완전히 새로운 리더십이 필요했다. 지금 우리도 유사한 상황 아닌가?

이를 간파한 민주당의 대통령 후보 루스벨트 FDR는 적극적인 정부 개입, 공공사업 확대, 은행 개혁 등을 약속하는 이른바 '뉴딜 New Deal'을 공약으로 내세웠다. 그리고 루스벨트는 라디오 연설 Fireside Chats로 국민과 직접 소통하면서 장애소아마비 후유증를 극복한 인간적 이야기로 감동과 신뢰를 주었다. 그는 대선에서 57.4%의 득표율이라는 '압도적인 지지'로 당선된다. 그의 당선의 핵심은 '국민의 불안에 대한 명확한 대응 제시'였다.

[그림 13] 1932년 미 대선 결과

1933년 루스벨트가 취임하면서 고전적 자유주의 원칙이 폐기된다. 미국 정부는 경기 침체의 원인이 공급 과잉이 아니라 '불충분한 수요'에 있다고 판단했다. 경제 운용과 자원 배분을 시장에 맡기지 않고, 직접 개입하기 시작했다. 막대한 공적자금을 투입해 사회 인프라를 확충했고, 일자리를 만들어 인위적인 수요를 창출했다. 뉴딜의 힘이 발휘되기 시작했다.

뉴딜,
희망을 쏘아올리다

루스벨트는 뉴딜의 상징인 테네시강 유역 개발공사_{TVA}를 통해 댐과 수문을 건설해 홍수를 예방하고, 신도시와 도로를 닦아 그 지역을 모범적인 근대 도시로 만들고자 했다. 동시에 산림과 토양을 개선해 19세기 후반 난개발 이전의 생태계를 복원하려 했다. 루스벨트는 TVA를 "정부 권력을 부여받았지만, 사기업의 유연성과 창의성을 소유한 기업체, 즉 공사_{公社}"라고 표현했다.

그러나 보수주의자들은 정부가 나서서 대규모 토목공사를 벌인다는 것을 달갑게 생각하지 않았다. 소련이 국가 주도로 시베리아 횡단 철도를 건설한 사례가 있었고, 스탈린의 드네프르 댐 개발을 연상시켰기 때문이다. 정치적 반대 세력과 보수 언론의 끊임없는 비난과 의심은 당연한 결과였다.

하지만 뉴딜은 성공했다. 빈곤한 남부 지역에 민간 투자를 기대하기 어려웠기에, 정부가 직접 나서 가시적인 일자리를 만들었다. 전기도 도로도 없던 테네시강 유역은 비로소 사람이 살 만한 곳으로 변모했다. 개발이 시작되고 10년 후, 루스벨트의 프로젝트는 완전히 다른 평가를 받게 된다.

"이것은 거대한 변화의 이야기입니다. 한때는 낭비되고 파괴적이었던 물이 어떻게 통제되었는지, 그리고 그 물이 어떻게 인간의 고역을 덜

어주는 전기에너지로 변했는지에 관한 이야기입니다. 오랫동안 가난했던 이 지역은 새로운 생산 능력으로 원기 왕성한 땅으로 변했습니다."

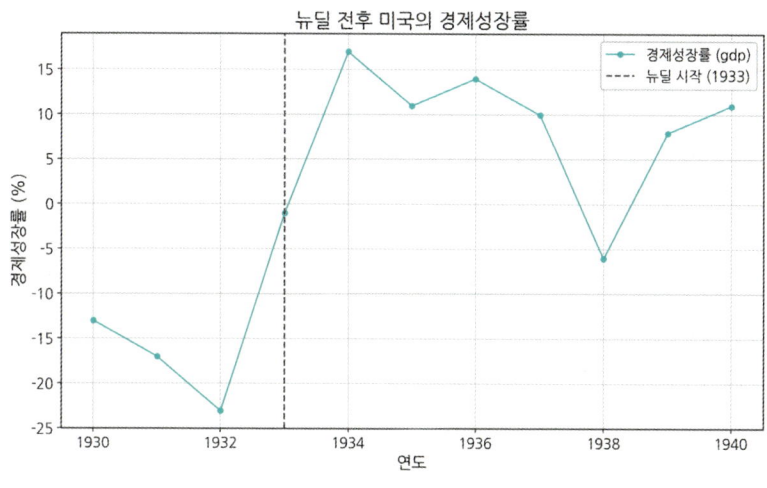

[그림 14] 뉴딜 전후 미국의 경제성장률

TVA 초대 이사회 이사 중 한 명이었던 데이비드 릴리엔은 1944년 《TVA: 전진하는 민주주의》라는 책을 통해 뉴딜의 성공과 TVA가 갖는 상징성을 확인했다. 반대 의견은 사라졌다. 성과가 너무나 분명했기 때문이다.

대공황기 미국인들은 루즈벨트의 뉴딜에서 완전히 다른 미래를 보았다. 그것은 개인주의 철학과 자유방임주의에 토대를 둔 약탈적 자본주의와의 결별이었고, 국가가 국민의 안위를 책임지는 새로운 미국의 시작이었다. 뉴딜은 미국인에게 자본주의의 새로운 버전이었다.

AI 뉴딜, '케인즈'와 '슘페터'가 함께한다

케인즈Keynes는 대공황이라는 역사적 불황기 속에서 '시장 스스로는 회복되지 않는다'는 사실을 직시했다. 그는 민간 소비와 투자가 위축된 시기에는 정부가 유효수요Effective Demand를 창출해야 한다고 보았으며, 공공 투자와 재정 지출 확대, 저금리 정책 등을 통해 총수요를 인위적으로 확대함으로써 경기 회복을 유도하고자 했다.

AI 뉴딜은 이러한 케인즈의 논리에 기반을 둘 수 있다. AI 기술은 초기 시장이 불안정하고 민간의 대규모 투자를 기대하기 어려운 영역이기에, 정부의 선제적 재정 지출이 필요하다. 정부가 의료, 교육, 교통, 행정 등 공공 부문에 AI를 도입해 실증 사업을 추진하고, 데이터 인프라와 클라우드 환경을 구축하며, 인공지능 인력 양성에 투자하는 일련의 사업은 모두 AI 생태계 조성을 위한 '마중물 투자'라 할 수 있다.

반면, 슘페터Schumpeter는 불황을 단지 피해야 할 '나쁜 상태'로 보지 않았다. 그는 자본주의의 본질이 '창조적 파괴Creative Destruction, 비효율적 구조가 무너지고 새로운 질서가 형성되는 과정'에 있다고 보았다. 이 과정은 오히려 혁신의 계기가 되며, 기업가의 '신결합'을 통해 신제품 개발, 프로세스 혁신, 신시장 개척 등으로 구체화된다고 보았다.

이러한 관점에서 AI 뉴딜은 단순한 경기 부양이 아니라, 산업의 자동화와 일자리 재편을 통해 새로운 시장과 직업을 창출하는 창조적 파괴의 실천이다. 따라서 정부는 비효율적 산업의 보호보다는, AI 기반의 산업 전환과 구조조정을 유도하고, 혁신 기업이 등장할 수 있는 정책 환경을 조성해야 한다.

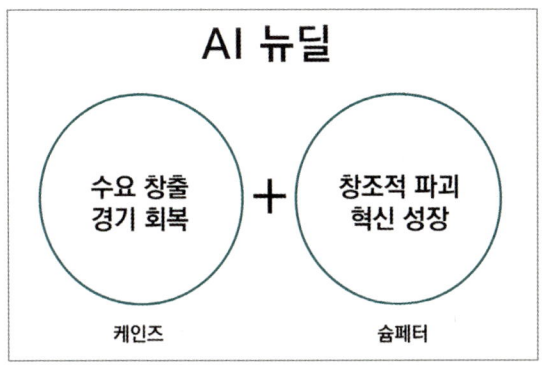

[그림 15] AI 뉴딜, 케인즈와 슘페터 정신의 융합

한편, 기업은 초과 이윤을 얻기 위해 새로운 기술이나 제품을 내놓으며 경쟁한다. 이 과정에서 어떤 기업은 살아남고 어떤 기업은 사라지는 '기업의 흥망성쇠'가 발생한다. 슘페터는 이런 혁신 경쟁이 활발히 일어날 수 있도록 창업과 도전을 촉진하는 환경을 만드는 것을 중요하게 보았다.

기업가가 혁신 경쟁을 하는 데 있어 가장 중요한 요소는 자본이다. 자체 자금 조달이 가능한 기존 기업들과 달리 신생 기업들에게는 자본이 부족하다. 슘페터는 이 부분에서 금융의 역할을 강조했다. 아이디어의 시장성을 알아보고 책임 투자를 할 수 있는 민간 자본이 기업가 출현의 필수 조건이다.

그러나 우리의 민간 자본은 위험을 회피하고 안정적 수익이 예상되는 후기·엑시트exit 기업에만 투자하는 경향을 보여 왔다. 이로 인해 혁신 스타트업의 성장 기반이 약화되고, 창업 생태계의 선순환 구조가 무너지는 부작용이 나타나고 있다. 정부는 이를 보완하기 위해 손실 우선 부담 등 민간 유인책을 강화하고 있으나, 근본적으로 해결된 것은 아니다.

역사적으로 자본주의는 순수한 형태로 생존한 적이 한 번도 없다.

시장에만 의존하던 초기 자본주의는 케인즈의 등장과 함께 국가의 역할에 크게 의존하면서 성장해 왔다. 국가는 투자자, 구조자, 규제자로서 자본주의와 함께 발전해 왔으며, 때로는 기업의 협력자로서 자본주의를 성장시켜 왔다.

테크놀로지 거버넌스가 1970년에서 2006년 사이 미국 경제의 혁신을 분석한 〈혁신은 어디에서 오는가?〉2011에 따르면, 산업혁명 초기에는 혁신이 개인 발명가에 의존했고, 이후에는 기업 연구소가 중요했다. 하지만 1970년대부터는 스타트업과 정부 조직, 대학 연구소 간의 협업에 의존하면서 정부의 역할이 중요해졌다. 시장성을 보고 상품화하는 것은 민간의 영역이지만, 이들이 초기 단계의 위험을 감수하며 아이디어를 적극적으로 밀어붙이도록 한 뒷배는 정부인 것이다.

64K D램으로 시작된 한국의 반도체 성공 신화도 삼성만의 것이 아니다. 정부와 기업이 함께 이뤄낸 성과다. 정부는 수도권에 공장 설립을 허가하고 토지, 용수, 전력을 지원했으며, 수입 장비와 재료에 대한 관세 감면, 저리 자금 대출과 세제 우대로 반도체 인프라를 구축했다.

[그림 16] 한국의 반도체 신화 창조(정부의 역할)

"개발에 20년은 걸릴 것"이라는 일본의 비아냥이 무색하게 1983년 3월에 시작해 그해 12월에 완성한 놀라운 성과는 정부의 이런 지원이 있었기에 가능했다. 1986년에는 4M D램 공동 개발에 착수했으며, 16M, 64M D램 개발에도 정부와 삼성은 협력했다. 차세대 반도체라 불리던 256M D램 기반 기술 사업에는 정부가 1,000억 원에 가까운 개발비를 지원했다. 이는 당시 국가 R&D 예산의 절반에 육박하는 규모였다.

AI 시대는 정부의 역할을 더 요구하고 있다. 2020년대 초반 스타트업 붐으로 수많은 AI 기업이 탄생했지만, 2023년 이후 시장 재편과 통합이 가속화되면서 정부와 대형 기업의 협력이 더욱 중요해졌다. 2024년 미국의 NAIRR(National AI Research Resource) 프로젝트는 AI 개발의 민주화를 위해 정부 주도로 50억 달러를 투자했다. 이는 뉴딜이 그랬던 것처럼 AI 시대에도 정부의 역할이 얼마나 중요한지를 보여 준다.

결국 AI 뉴딜이 성공적인 국가 전략이 되기 위해서는 케인즈와 슘페터의 통찰을 이분법적으로 나누기보다 통합적으로 재구성하는 접근이 필요하다.

케인즈의 이론은 '지금, 당장' 필요한 해법이다. 경기 침체와 일자리 감소에 대응하기 위한 단기적 수요 창출로서 정부의 역할을 강조한다. 반면, 슘페터의 이론은 '미래'에 초점을 둔다. AI 기술을 통해 새로운 시장과 산업 질서를 구축하고, 경쟁력 있는 혁신 기업이 경제의 주도권을 쥘 수 있도록 유도한다.

AI 뉴딜은 이 두 시각을 동시에 반영한다. 정부는 AI 기반 공공 수요를 창출하는 동시에 민간의 투자와 혁신을 촉진하고, 전통 산업의 구조 전환을 설계하는 복합 정책으로 접근해야 한다. 단기적으로는 일자리와 경기 회복을, 장기적으로는 혁신과 생산성 제고를 도모하는 이 중 구조의 뉴딜 전략이 되어야 한다.

AI 뉴딜은 단지 기술 도입의 문제가 아니다. 이는 불황 극복의 철학과 전략을 새롭게 설계하는 국가 프로젝트다. 정부는 과감한 투자로 새로운 수요를 창출하고, 동시에 낡은 산업을 넘어설 수 있는 창조적 파괴의 환경을 만들어야 한다. 지금은 케인즈가 말한 '정부의 시간'이자, 슘페터가 말한 '혁신가의 시대'이다. AI 뉴딜은 더 이상 선택이 아닌, 불황 극복과 미래 선도를 위한 필연적 과제다.

혁신적인 기업가는 스스로 등장할 수 있지만, 그 혁신이 성공하려면 조직적 뒷받침이 필요하다. 루즈벨트가 TVA를 통해 남부에 인프라를 확충했듯, 우리 정부가 1980년대 반도체 인프라 구축에 대규모 자금을 투입한 것도 본질적으로 뉴딜의 방식이다.

슘페터와 케인즈는 불황 탈출에 대한 관점이 달랐지만, 슘페터의 혁신 속에는 케인즈의 지원이 자리하고 있다. AI 혁명이라는 기회의 순간에 혁신적 기업가들이 다발적으로 출현하고, 정부가 규제 완화와 재정 지원, AI 인프라 조성을 통해 이들의 혁신성을 이끌어 낼 때, 대한민국은 경제적 난관을 극복하고 5만 달러 시대의 재도약을 이룰 수 있을 것이다.

AI가 좋은 일자리를 늘린다

1차 산업혁명이 100여 년의 시차를 두고 완성되었고, 2차 산업혁명은 70년이 걸렸다. 정보화를 이룩한 3차 산업혁명은 1969년을 기점으로 약 40년 만인 2010년대 초반에 완료되었다. 지능화로 대변되는 4차 산업혁명은 2015년을 기점으로 시작되어 2025년 현재 우리 일상 깊숙이 침투하고 있다.

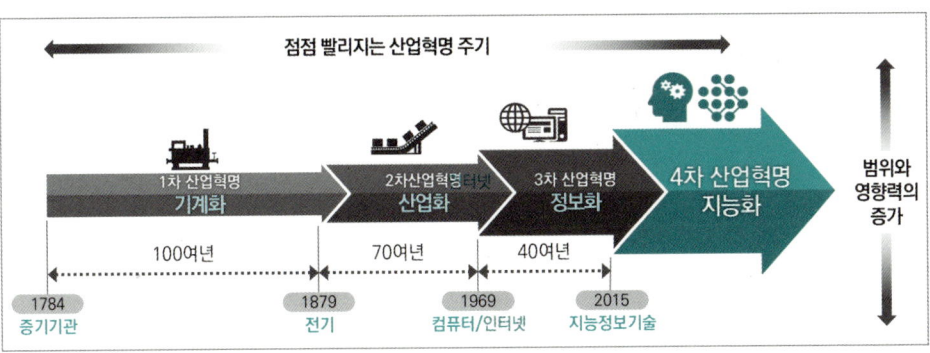

[그림 17] 산업혁명의 역사

각 산업혁명 시기마다 규제를 강화하고 기술 혁신의 속도를 늦추려 해도, 미래의 도래를 막을 수가 없었다. 그리고 일자리에 대한 공포는 저항으로 나타났다. 1~2차 산업혁명 시기의 러다이트 기계와 공장을 파괴하는 운동이 그랬고, 3차 산업혁명 시기에 컴퓨터에 모래 뿌리는 현장이 그랬다. 그러나 지금 어디에서나 공장을 볼 수 있고, 컴퓨터는 책상과 손에 쥐어져 있다. 지금 AI에 의한 실업의 공포가 과장되었다 할지라도,

기술 진보에 따른 구조적 실업은 불가피하다. 그러나 언제나 일자리 공포는 대응 여하에 따라 우려에 그치기도 하고 현실이 되기도 했다.

AI 시대의 좋은 일자리란?

한편, "AI 시대, 어떤 일자리가 좋은 것인가?"에 대한 답은 이미 나와 있다. 어떤 시대든 생산성 향상과 경제성장에 기여한 만큼 적정 임금을 받는 일자리가 좋은 일자리이다. 2차 산업혁명 시기, 산업 기반이 전무한 채 선진국을 따라잡아야 했던 우리는 이 문제를 의도적으로 회피하며 성장해 왔다. 하지만 AI 시대에는 더 이상 피할 수가 없다.

AI 시대의 실업 충격은 얼마나 많은 실업자가 한꺼번에 발생하느냐에 달려 있다. 수백만 명보다는 수만 명이, 이보다는 수천 명의 실업자가 생긴다면 충격이 덜할 것이다. 실업자가 재교육을 통해 다시 취업한다면 더욱 좋을 것이다. 그러므로 핵심 질문은 "AI 시대, 어떤 정책이 가장 좋은 정책인가?"가 되어야 한다. AI 뉴딜에서 그 답을 찾아야 한다.

2023년 보스턴컨설팅이 발표한 AI 영향력 분석에 따르면, 미국 내 AI 도입으로 85만 개의 단순 업무 일자리가 줄어들었지만, AI 기술 활용, 엔지니어링, 데이터 분석 등과 관련된 양질의 새로운 일자리 196만 개가 창출되었다고 한다. AI는 노동력을 대체하기도 하지만, 더 많은 새로운 일자리를 만들어 내고 있다는 것이다.

AI 기술을 적용한 스마트 공장 사례

AI 기술을 적용해 공장이 스마트화되면 왜 좋은 일자리가 창출되는 걸까? 2016년부터 스마트화를 시작한 포스코의 사례를 살펴보자. 과거 철강 산업은 인간의 개입에 의존했다. 원료는 수레로 직접 운반했고, 숙련공이 쇳물의 색깔이나 기계 소리로 문제를 파악했다. 스마트 공장이 되기 전에는 하루 3회 사람이 직접 표본 검사를 했고, 2시간마다 접촉식 온도계로 쇳물의 온도를 측정했다.

2025년 현재, 포스코의 공장은 완전히 달라졌다. 원료인 철광석은 AI 기반 이미지 분석을 통해 실시간으로 평가되고, 쇳물의 온도는 용광로에 설치된 수백 개의 센서와 AI 카메라가 24시간 모니터링한다. AI 알고리즘은 과거 데이터를 학습해 쇳물 온도를 1,500도로 유지하기 위해 4시간 후에 필요한 코크스(연료)의 양까지 정확히 예측한다. 과거에는 숙련자의 직관에 의존했던 일이 이제는 데이터와 AI의 영역이 되었다.

AI 기반 스마트 공장으로 변모하면서 돌발 상황에 대한 대처 능력이 대폭 향상되었고, 원인을 알 수 없던 불량도 데이터를 역추적해 해결할 수 있게 되었다. 설비 고장으로 인한 작업 중단도 예측 정비로 최소화되었다. 작업자 안전 역시 혁신적으로 개선되었다. 포스코의 노동자들은 AI 스마트 안전모를 착용한다. 이 안전모에는 카메라, 랜턴, 유해가스 감지기, 무선 마이크가 장착되어 있어 사고 예방은 물론 실시간으로 전문가와 소통이 가능하다.

스마트 공장이 되면서 일자리는 어떻게 변했을까? 철광석을 샘플링하거나 쇳물의 온도를 재는 단순 업무는 줄었지만, AI와 데이터를 다루는 새로운 직종이 늘어났다. 2025년 현재 포스코의 직원 수는 2만 명을 넘어섰고, 이 중 약 30%가 AI나 데이터 관련 업무를 수행한다. 과거 공장 노동자의 평균 연봉이 5,000만 원이었다면, 현재 AI 데이터 분석가의 평균 연봉은 8,000만 원에 달한다.

AI 기술이 적용된 스마트 공장은 '제조업 30%의 저주'를 극복하는 데도 중요하다. '30%의 저주'란 선진국 제조업이 GDP에서 차지하는 비중이 30%에 도달한 후 지속적으로 감소하는 현상을 말한다. 노동 비용 상승으로 생산 기지를 해외로 이전하게 되고, 이로 인해 국내 제조업 고용이 감소하는 악순환을 의미한다.

2024년부터 시작된 미국의 리쇼어링 reshoring, 해외 생산기지의 국내 복귀 현상은 AI 기술이 이 저주를 극복할 수 있음을 보여 준다. AI 기반 자동화로 인건비 부담이 줄어들었고, 지정학적 리스크와 공급망 안정성이 중요해지면서 기업들이 돌아가고 있다. 미 상무부 보고서에 따르면, 2025년 현재 약 200개 기업이 본국으로 복귀했으며, 이 과정에서 2만 개 이상의 새로운 일자리가 창출되었다.

최초의 뉴딜이 국가 재정을 투입해 사회간접자본과 일자리를 늘린 것이었다면, 우리의 AI 뉴딜은 산업 구조의 AI 전환을 가속화하는 방향으로 나아가야 한다. AI가 일자리를 없애는 것이 아니라, 더 좋은 일자리를 만들도록 할 수 있다.

AI 활용 역량, 기업의 경쟁력을 좌우한다

AI 기술의 발달은 기업의 경쟁 구도를 완전히 바꿔 놓았다. 2022년 생성형 AI의 등장으로 시작된 변화는 2025년 현재 산업 전반에 걸쳐 확산되었다. 이제 대기업과 중소기업의 경쟁력 격차는 자본이나 인력의 규모가 아닌, AI 활용 역량에 따라 결정된다.

AI 활용으로 경쟁 우위 확보

온라인 쇼핑몰 '오늘의집'은 이러한 변화를 보여 주는 대표적 사례이다. 2014년 작은 스타트업으로 시작했지만, 2025년 현재 인테리어 시장 점유율 1위를 차지했다. 이 성공 배경에는 AI 기술의 혁신적 활용이 있었다. 고객이 찍은 집 사진을 AI가 분석해 최적의 인테리어 제품을 추천하는 서비스는 대형 백화점들도 따라올 수 없는 경쟁력을 만들어 냈다.

AI를 패션 매장 운영과 디자인, 마케팅에 전방위로 도입한 스타트업 어반유니온Urban Union은 패션산업의 혁신을 선도하고 있다. 이 기업은 생성형 AI 기반 디자인 어시스턴트 '빔스튜디오'를 통해 디자이너의 창작을 지원하고, 소비자 행동 데이터를 분석해 매장 운영을 최적화한다. 그 결과 브랜드 인지도와 매출이 증가했으며, 소규모 브랜드의 경쟁력을 크게 강화해 가고 있다.

달파~Dalpha~는 2023년 설립된 AI 기반 맞춤형 자동화 솔루션 스타트업으로, 글로벌 시장을 타깃으로 성장 중이다. 이 기업은 AI 에이전트를 활용해 이커머스 상품 추천, 카테고리 분류, 광고 문구 생성, SNS 리뷰 분석 등 다양한 맞춤형 서비스를 제공한다. 2023년 120억 원 규모의 투자 유치, 약 150개 기업에 250개 이상의 맞춤형 AI 에이전트 공급 등 빠른 성장세를 보이고 있다.

미국의 식품 가공업체 타이슨푸드는 이제 단순한 레시피 제공을 넘어, AI가 고객의 건강 상태와 기호에 맞춰 식단을 설계하고 필요한 식재료를 배송해 주는 서비스로 발전했다. 중장비 회사인 캐터필러의 AI 시스템은 단순히 부품 교체 시기를 알려 주는 것에서 나아가, 기계 학습을 통해 사용 패턴을 분석하고 최적의 작업 방식을 제안하여 연료 효율을 30% 높였다. 우리나라의 웅진코웨이는 AI가 집안의 공기 질뿐만 아니라 거주자의 건강 데이터까지 분석해 맞춤형 솔루션을 제공하는 '헬스케어 플랫폼'으로 변신했다.

무엇이 AI 도입과 활용을 가로막나?

하지만 여기서 우리는 심각한 문제에 직면해 있다. 우리나라 대기업과 일부 중견기업들은 AI 기술을 활용할 역량이 충분하지만, 99%를 차지하는 중소기업들은 여전히 AI 혁명에서 소외되고 있다. 2024년 중소기업연구원의 조사에 따르면, 중소기업의 76%가 'AI 기술 도입 필요성은 인식하고 있으나 어디서부터 시작해야 할지 모른다'고 응답했다. 더 충격적인 것은 중소기업의 AI 활용 역량이 '선진국 대비 5분의 1에 불과하다'는 점이다.

이들이 호소하는 가장 큰 어려움은 '전문 인력 부족42.3%', '초기 도입 비용 부담31.7%', 'AI 도입 컨설팅 지원 부재18.2%'이다. 하지만 이런 어려움은 AI 뉴딜 정책으로 얼마든지 해결할 수 있다. 독일은 'AI Made in Germany' 프로그램을 통해 중소기업에 AI 전문가를 파견하고, 초기 도입 비용의 70%를 지원하면서 중소기업의 AI 도입률이 빠르게 증가하고 있다.

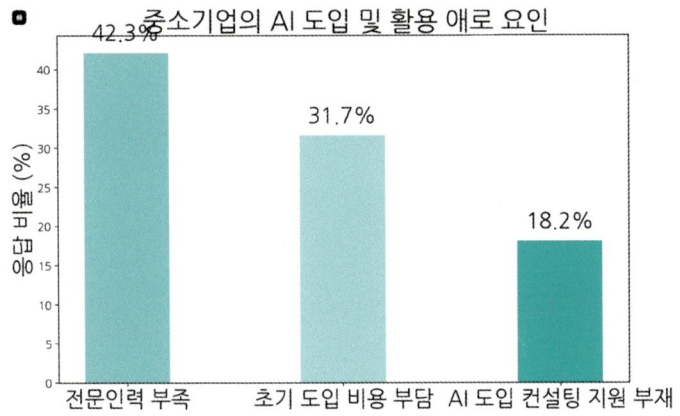

[그림 18] 중소기업의 AI 도입 및 활용 애로 요인

우리도 할 수 있다. 아니, 해야만 한다! 우리 중소기업들이 AI를 활용해 글로벌 히든챔피언 Hidden Champion, 세계 시장점유율이 1~3위면서 일반에 잘 알려지지 않은 세계적인 경쟁력을 갖춘 강소기업으로 성장할 수 있도록 지원해야 한다. 중소기업에 AI 활용 교육을 제공하고, 초기 도입 비용을 지원하며, AI 전문가 파견을 통한 컨설팅을 제공하도록 설계되어야 한다. 우리나라 전체 고용의 88%를 담당하는 중소기업이 AI 혁명에서 소외된다면, 그것은 국가 경쟁력의 상실을 의미한다.

앞으로는 AI 활용 여부가 기업의 운명을 좌우한다. AI 역량은 기업의 경쟁력과 직결되며, 대기업 하청 기지라는 가치사슬에서 벗어나 기술 독립성과 생산성을 확보할 수 있는 가장 빠른 방법이다. 그래야 대기업과의 임금 격차를 해소하고, 우수한 인재를 확보하는 선순환이 이루어진다.

이제 투입 자원이 중요한 규모의 경제 시대는 완전히 지났다. AI 역량이 절대적으로 중요한 시대이다. AI는 고령 근로자의 업무 효율을 젊은 세대 수준으로 높일 수 있으며, 장애인과 일반인의 생산성 격차도 획기적으로 줄일 수 있다. 제조업에서 여성 노동력 활용도 수월해지며 남녀 간 임금 격차도 해소할 수 있다. AI 뉴딜은 그 자체로 포용적 경쟁력이며 함께 가는 진짜 대한민국의 완성이다.

AI, 서비스업의 생산성 혁신 동반자

2022년까지만 해도 먼 미래의 기술로 여겨졌던 AI가 2025년 현재, 서비스업의 판도를 완전히 뒤흔들고 있다. "AI가 일자리를 빼앗을 것"이라는 공포의 그림자가 여전히 드리워져 있지만, 현실은 이와 크게 다른 모습으로 전개되고 있다.

[그림 19] 서비스업의 인간적 상호작용

왜일까? 서비스업의 본질은 결국 '인간'이기 때문이다. 서비스업은 제조업과 달리 무한한 자동화와 대량생산이 불가능하다. 무형의 가치를 창출하는 산업이며, 생산과 소비가 동시에 일어나는 특성을 가진다. 의사의 진찰, 바리스타의 커피 제조, 호텔리어의 서비스처럼 생산자와 소비자 간의 '인간적 상호작용'이 핵심인 것이다. AI는 이런 서비스업의 본질을 대체하는 것이 아니라, 오히려 더욱 빛나게 만들고 있다.

AI로 혁신을 거듭하는 스타벅스

10년 전 사이렌 오더가 혁신이었다면, 지금의 '스타벅스 AI 바리스타'는 그야말로 게임 체인저이다. 고객이 매장에 들어서기도 전에, AI는 그날의 날씨, 고객의 건강 상태, 심지어 표정에서 읽어 낸 기분까지 분석해 최적의 음료를 추천한다. "오늘은 조금 피곤해 보이시네요. 더블샷 아메리카노 어떠세요?"라고 AI가 먼저 말을 건넨다. 음성만으로 주문이 완료되고, 결제는 생체 인식으로 자동 처리된다.

놀라운 것은 이 시스템이 바리스타의 일자리를 줄이지 않았다는 점이다. 오히려 AI가 단순 주문과 결제를 담당하면서 바리스타들은 복잡한 특별 메뉴 제조와 고객과의 소통에 더 집중할 수 있게 되었다.

현재 스타벅스 주문의 30~43%가 AI 시스템을 통해 이루어지고 있으며, 이로 인한 운영 효율성 향상으로 경쟁 업체들이 인플레이션으로 가격을 인상한 상황에서 경쟁력을 강화할 수 있었다. 대한민국에서 개발된 이 시스템은 글로벌 표준이 되었고, 이제 스타벅스는 스스로를 '커피 회사'가 아닌 '식음료 AI 플랫폼 기업'으로 재정의하고 있다.

"AI가 의사를 대체할 것"이라는 우려는 현실과 정반대의 결과로 나타났다. 서울의 한 대형병원의 'AI 진단 보조 시스템'은 의사의 진단 정확도를 15% 높이고, 환자 대기 시간을 30% 줄였다.

주목할 점은 이 시스템이 의사의 일자리를 위협하기는커녕 의사들이 더 많은 환자를 볼 수 있게 해 오히려 의료 서비스 일자리가 확대되었다는 사실이다. AI가 X-레이 판독과 같은 단순 반복 작업을 담당하면서, 의사들은 복잡한 진단과 환자와의 교감에 더 많은 시간을 할애할 수 있게 되었다. 한 의사는 "AI 덕분에 하루에 볼 수 있는 환자 수가 늘었고, 더 중요한 것은 한 환자와 대화할 수 있는 시간이 더 길어졌다"며 "의료의 본질은 결국 환자에 대한 이해와 공감"이라고 강조했다.

[표 3] 서비스업 업종별 AI 도입 및 활용에 따른 생산성 향상 효과

업종	AI 도입/활용 내용	생산성 향상 효과 및 특징
금융	• AI 챗봇 • 자동화된 고객 상담 및 거래 처리	• 운영비 20% 절감 • 고객 문의 응답 속도·신뢰성↑ • 고객 만족도 25~30% 개선
유통/소매	• AI 기반 매장 관리 (혼잡도·반납대 오염 실시간 점검) • 퀵오더 • 맞춤 추천	• 매출 12.9% 증가 • 영업이익 14.2% 증가 • 주문 병목 해소 • 고객 경험 혁신
소비자 서비스 (패션·리테일)	• AI로 고객 신체·취향 분석 • 맞춤형 상품 추천 • 재고·마케팅 최적화	• 반품 비용 절감 • 재고 효율화 • 고객 만족도 개선 • 수요 예측 정확도↑
고객지원/ 콜센터	• 생성형 AI로 문의 자동 응답·대화 요약 • 업무 자동화	• 오퍼레이터 업무량 80%↓ • 고객 응대 시간 89%↓ • 기록 시간 86%↓
외식/ 프랜차이즈	• AI로 매장 혼잡도·고객 행동 분석 • 주문 자동화	• 매장 운영 효율성↑ • 파트너 업무 효율↑ • 고객 주문 만족도↑
전문 서비스 (IT·금융 등)	• AI 활용 직무에서 생산성 4.8~5배↑ • AI 일자리 임금 25%↑	• AI 활용 직무 채용 공고 3.5배↑ • 임금·생산성 동반 상승

자료 출처: goover.ai, 연합뉴스, 한국경제, salesforce korea 등

불과 몇 년 전까지만 해도 키오스크는 단순히 인건비를 절감하기 위한 도구로 여겨졌다. 하지만 2025년의 키오스크는 '지능형 고객 경험 플랫폼'으로 진화했다. 최신 키오스크는 고객의 표정과 행동을 분석해 주문 과정을 돕고, 과거 주문 내역과 현재 상황을 종합해 개인화

된 메뉴를 추천한다. 고객이 메뉴 선택에 어려움을 겪거나 기분이 좋지 않아 보일 때는 직원을 자동으로 호출하기도 한다.

이로 인해 매장 내 고용이 줄어들기보다는 오히려 '고객 경험 디자이너', 'AI-인간 협업 매니저'와 같은 새로운 직종이 생겨났다. 한 패스트푸드 체인점 매니저는 "키오스크가 도입된 이후 직원들이 단순 주문 접수가 아닌 고객 만족에 집중할 수 있게 되었다"며 "오히려 더 많은 직원이 필요해졌다"라고 말한다.

우리나라는 OECD 국가 중 서비스업 생산성이 가장 낮은 국가 중 하나이다. 제조업 대비 서비스업의 생산성이 45%에 불과하며, 1인당 평균 생산성도 OECD 하위권을 맴돌고 있다. 이는 역설적으로 AI를 통한 생산성 혁명의 잠재력이 그만큼 크다는 의미이기도 하다.

영국은 'AI for Services' 프로그램을 통해 서비스 기업들의 AI 도입을 적극 지원했다. 그 결과 3년 만에 서비스업 생산성이 놀랍게도 27%나 증가했다. 이는 단순한 수치 개선을 넘어 실질적인 서비스 품질 향상과 일자리 창출로 이어졌다.

AI는 서비스업의 본질인 '인간적 요소'를 대체하는 것이 아니라, 오히려 강화하고 있다. AI가 데이터 분석과 단순 업무를 처리하는 동안, 서비스업 종사자들은 더욱 창의적이고 공감 능력이 필요한 영역에 집중할 수 있게 되었다.

AI 뉴딜은 단순한 기술 도입이 아니다. 생산성이 취약한 우리 서비스업이 글로벌 경쟁력을 갖출 수 있는 마지막 기회일지도 모른다. AI와 인간이 각자의 강점을 살려 협력할 때, 비로소 서비스업의 진정한 혁신과 도약이 가능해질 것이다. 우리는 이제 AI를 두려워할 것이 아니라, 함께 성장할 파트너로 받아들여야 할 때이다.

AI 뉴딜, 사람 사는 세상을 지향해야 한다

기술 진보는 항상 노동 절약의 방향으로 이루어져 왔다. 버스 안내양이 사라진 것처럼 AI도 분명 일부 직업을 대체할 것이다. 하지만 이런 변화 속에서도 반드시 지켜야 할 것이 있다. 바로 '사람 중심의 경제'이다.

사람 사는 세상을 위한 포용적 전환

2024년 맥킨지 보고서에 따르면, AI로 인해 2030년까지 전 세계적으로 3억 8,000만 개 이상의 일자리가 자동화될 것으로 예측된다. 그러나 같은 기간 4억~4억 5,000만 개의 새로운 일자리가 창출될 것이라고도 한다. 문제는 사라지는 일자리와 새로 생기는 일자리 사이의 '전환 과정'이다. 이 과정에서 사회적 갈등과 혼란이 발생할 수 있으며, 준비되지 않은 노동자들은 커다란 고통을 겪을 수 있다.

금융권의 예를 들어 보자. 2023년 한 금융 AI 스타트업은 투자 애널리스트 20명이 한 달에 걸쳐 작성하는 기업 분석 보고서를 단 10분 만에 만들어 냈다. 이러한 사례 등으로 인해 금융권에서는 향후 10년간 일자리 구조 변화가 크게 나타날 것이라고 보고 있다. 반면, 'AI 윤리 전문가', '금융 데이터 큐레이터', 'AI 투자 자문가'와 같은 새로운 직종도 생겨나고 있다.

우리가 기억해야 할 것은 루즈벨트의 뉴딜이 단순한 경기 부양책이 아니었다는 점이다. 그것은 절망에 빠진 국민에게 새로운 국가의 비전을 제시한 프로젝트였다. AI 뉴딜 역시 단순히 AI 기술 도입을 지원하는 정책이 아니라, AI 시대에 맞는 새로운 사회계약이 되어야 한다.

그 핵심은 '포용적 전환'이다. 어느 누구도 AI 혁명에서 소외되지 않도록 하는 'AI 기본사회'를 이루는 것이어야 한다. 50대 택시 기사가 자율주행차 시대에 적응할 수 있도록, 40대 제조업 노동자가 AI 시대의 새로운 기술을 습득할 수 있도록 국가가 적극 지원해야 한다.

우리나라에서는 해고가 법적으로 매우 어렵다. 그러므로 AI 등 기술 변화로 인한 일자리 감소에 대응하는 국가적 체계가 시급하다. AI 시대를 대비한 기업의 구조조정에 대한 지원은 물론 이와 관련되는 직원들의 재교육과 직무 전환을 통한 일자리 대체 시스템이 필수적이다.

AI 뉴딜이 추구하는 사회안전망

AI 뉴딜은 단순히 AI 기술 보급을 넘어, 다음과 같은 사회안전망을 갖춰야 한다.

[그림 20] AI 시대에 필요한 국가적 사회안정망

첫째, AI 시대 평생학습 지원 체계를 통해 모든 국민이 AI 관련 기술을 배울 수 있는 기회를 제공받아야 한다. 둘째, AI로 인해 직업을 잃은 이들에게 충분한 실업급여와 함께 새로운 직종으로의 전환 교육이 필요하다. 셋째, 플랫폼 노동자, 프리랜서 등 AI 시대의 새로운 고용 형태에 맞는 사회보장 시스템이 구축되어야 한다. 넷째, AI가 인간의 가치와 존엄성을 존중하도록 확실한 윤리적 가이드라인이 수립되어야 한다.

개인과 기업만의 노력으로는 AI 혁명의 혜택을 모두가 누릴 수 없다. 국가가 적극적으로 개입하여 전환 과정의 고통을 최소화하고, 혁신의 과실이 모두에게 돌아가도록 해야 한다.

기업과 자본가만이 존재하는 세상은 있을 수 없다. 불행히도 성장의 혜택을 가장 많이 누리는 집단일수록 자신의 재화를 기꺼이 나누려 하지 않는다. 사회적 갈등이 임계치에 이르렀을 때에도 변화를 거부한다. 우리 사회도 예외는 아니다. 1933년에 시작된 뉴딜은 루즈벨트가 네 번이나 연임함으로써 완성되었다. AI 뉴딜 역시 단기적 성과에 집착하지 않고, 사람 중심의 긴 호흡으로 추진되어야 한다.

기술은 결국 인간을 위한 것이어야 한다. AI가 인간의 삶을 더 나아지게 하는 도구가 되도록 우리는 지금 AI 뉴딜을 통해 새로운 미래를 설계해야 한다. 이것이 우리가 AI 뉴딜을 말하는 이유이다.

AI 뉴딜, 국가를 혁신한다

지금, 세계는 AI 혁명의 한가운데 서 있다. 코로나19 이후 급격히 발전한 인공지능 기술은 이제 산업과 사회의 모든 영역을 재편하고 있다.

대한민국의 국가적 해결 과제

2025년 대한민국은 세계 10위권의 경제 강국으로서 지위를 유지하고 있지만, 심각한 구조적 도전에 직면해 있다. 경제성장률은 1%대에 정체되어 있고, 반도체, 자동차, 조선 등 전통적 주력 산업은 중국의 추격과 선진국의 견제 사이에서 입지가 좁아지고 있다. 세계 최저 수준인 0.7명 이하의 출산율과 급격한 고령화는 국가의 미래 지속 가능성을 위협하는 가장 큰 요인이 되었다.

청년 실업과 사회 불평등은 더욱 심화되어 사회 통합을 저해하고 있다. 기후 위기와 에너지 전환, 지정학적 불안정성은 우리 경제에 추가적인 부담으로 작용하고 있다. 이러한 복합적 위기 속에서 지난 정부는 특단의 대책을 갖추지 못한 가운데 단기적 처방에 급급한 것에 더해 정치적 위기까지 초래하였다.

AI 뉴딜이 제안하는 해결책

다행스럽게 이재명 정부가 들어서면서 대한민국은 이러한 복합 위기를 돌파할 새로운 국가 전략을 추진할 수 있게 되었다. 이러한 상황에서 AI 뉴딜은 단순한 기술 도입 정책이 아닌, 국가 시스템 전반을 혁신하는 종합 프로젝트로서 우리가 직면한 모든 도전에 대한 통합적 해결책이 될 수 있다.

첫째, AI 뉴딜은 우리 경제에 새로운 성장동력을 제공한다. 전통 산업의 AI 융합을 통해 생산성을 혁신적으로 향상시키고, 국제 경쟁력을 회복할 수 있다. 반도체, 자동차, 조선 등 기존 주력 산업에 AI를 접목하면 '생산성을 5% 내외 증가시킬 수 있고 GDP도 1~2% 이상 증가시킬 수 있다'는 연구 결과가 있다. 또한, AI 기반 신산업 육성을 통해 청년들에게 양질의 일자리를 제공하고, 디지털 혁신 생태계를 조성할 수 있다.

[그림 21] AI 뉴딜의 국가혁신전략

둘째, AI는 저출산·고령화로 인한 생산인구 감소 문제에 대한 혁신적 대안이 될 수 있다. AI와 로봇이 단순 반복적 업무를 대체함으로써 노동력 부족 문제를 완화하고, 남은 인력은 보다 창의적이고 고부가가치 영역에 집중할 수 있게 된다. 또한, 의료, 돌봄, 교육 등 사회 서비스 분야에 AI를 도입하면 고령사회의 복지 부담을 효율적으로 관리하고 서비스 질을 향상시킬 수 있다.

셋째, AI 뉴딜은 기술 혁신의 혜택이 사회 전반에 고르게 분배되도록 설계되어야 한다. 중소기업과 소상공인의 AI 접근성을 높이고, 지역 균형 발전을 위한 AI 인프라를 전국적으로 구축해야 한다. 또한, AI 교육의 평등한 기회 제공을 통해 디지털 격차를 해소하고, 모든 국민이 AI 시대의 수혜자가 될 수 있도록 해야 한다.

넷째, AI는 기후 위기 대응과 에너지 전환을 가속화하는 핵심 도구가 될 수 있다. AI 기반 스마트 그리드 Smart Grid를 통해 에너지 효율을 극대화하고, 기후 변화 예측 및 대응 시스템을 고도화할 수 있다. 탄소중립 달성을 위한 혁신적 솔루션 개발에 AI가 중추적 역할을 담당하게 될 것이다.

다섯째, AI 뉴딜의 성공을 위해서는 국가 거버넌스 체계의 혁신이 필수적이다. 이는 정부 출범 때마다 나온 얘기인 듯하다. 이재명 정부에서는 부처 간 협업이 강화되고, 민관학 협력 체계가 담보된 거버넌스가 구축되어 AI 생태계가 확실히 조성되어야 한다. 데이터 기반 정책 의사결정과 공공 서비스의 디지털 전환을 통해 국가 운영의 효율성과 투명성을 높일 수 있다.

AI 뉴딜은 단순한 기술 정책이 아닌, 국가의 패러다임을 전환하는 역사적 프로젝트이다. 1960년대 경제개발 5개년 계획이 우리나라를 농업 국가에서 산업 국가로 도약시켰듯이, AI 뉴딜은 산업 국가에서 지능 국가로 진화시킬 것이다.

위기는 곧 기회이다. 지금의 복합적 위기를 AI 뉴딜을 통해 극복한다면, 대한민국은 4차 산업혁명 시대의 선도 국가로 자리매김할 수 있을 것이다. 그러므로 지금이 정부와 기업, 학계, 시민사회가 함께 지혜를 모아 AI 뉴딜이라는 국가 혁신의 대장정에 동참해야 할 때이다.

AI 뉴딜, 중소기업·스타트업에 집중한다

2008년 금융위기 이후 세계 경제의 특징은 '고용 없는 성장'이었다. 그러나 2020년대 들어 AI 기술의 확산으로 이제는 '양극화된 고용'이 새로운 화두가 되었다. AI 기술을 보유한 기업과 그렇지 못한 기업 간의 격차가 더욱 벌어지고 있는 것이다.

중소기업이 강해져야 하는 이유

글로벌 대기업들은 점점 더 적은 인원으로 더 많은 가치를 창출하고 있다. 2015년 제너럴모터스GM가 전 세계에서 18만 명을 고용했던 것에 반해, 2025년 현재 이 수치는 15만 명 미만으로 감소했다. 반면, 기업 가치는 2배 이상 증가했다. 이러한 '고용 없는 성장'의 시대에 일자리를 창출하는 주체는 바로 중소기업과 스타트업이다. 다만, 기꺼이 가고 싶어 하는 좋은 일자리로 탈바꿈하는 것을 필요로 한다.

우리나라 중소기업은 전체 사업체의 99.9%와 고용의 88%를 차지한다. 이는 중소기업이 국가 경제의 근간이자 고용 창출의 핵심임을 의미한다. 이들이 AI를 통해 경쟁력을 확보하지 못한다면, 대한민국 경제 전체가 위험에 빠질 수 있다.

특히 대기업 중심의 경제 구조에서 특정 산업이나 기업의 위기는 국가 경제 전체에 심각한 타격을 줄 수 있다. 다양한 분야의 중소기업과 스타트업이 AI를 통해 경쟁력을 갖추면 산업 구조가 다각화되고 경제의 안정성이 높아진다. 또한, 각 산업 분야별로 특화된 AI 솔루션을 개발하여 산업 전반의 효율성과 생산성을 향상시킬 수 있다.

결국 AI 뉴딜을 통해 중소기업과 스타트업이 AI 기술을 저비용으로 도입할 수 있는 환경을 만들어야 한다는 얘기가 설득력을 갖는다. AI 모델 개발에 필요한 컴퓨팅 자원을 공공 클라우드로 제공하고, AI 전문 인력을 중소기업에 파견하는 정책이 필요하다. 또한, 중소기업이 보유한 데이터를 AI 학습에 활용할 수 있도록 데이터 표준화와 품질 관리를 지원해야 한다.

AI 스타트업과 유니콘에 집중할 때

한편, 전 세계적으로 AI 유니콘 기업 기업가치 10억 달러 이상 비상장 스타트업들이 폭발적으로 증가하고 있다. 2024년 기준 미국은 AI 관련 유니콘 기업이 163개를 넘어섰고, 중국은 33개, 영국은 11개에 달한다. 안타깝게도 한국은 예비 유니콘조차 4개에 불과하다. 이는 우리의 AI 생태계가 아직 충분히 성숙하지 못했음을 의미한다. 역동적인 AI 혁신 생태계 구축을 위해서는 다양한 중소기업과 스타트업의 참여가 필수적이다.

1989년 이후 전통적인 벤처의 유니콘 비율은 미국을 기준으로 할 때 0.83%에 불과하다. 반면, 2024년 신규 유니콘 중 AI 스타트업 비중은 43~46% 정도에 달한다. 이는 AI 비즈니스의 시장성과 성장 가능성이 무한함을 보여 주는 지표다. 투자 대비 성장 가능성이 훨씬 높기 때문에 정부 지원의 효율성 측면에서도 중소기업과 스타트업에 집중하는 것이 합리적이다.

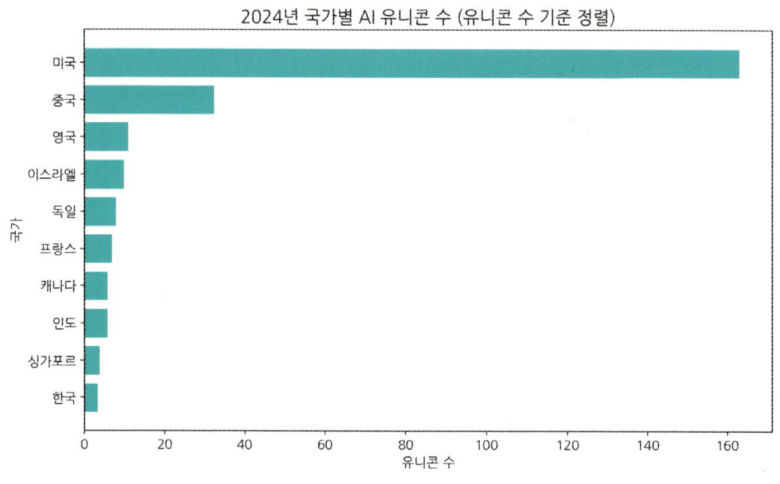

[그림 22] 상위 10개국의 AI 유니콘 기업 수

　AI 기술은 국경과 시장 규모의 제약을 뛰어넘기 때문에 그런 상황이 가능하다. 과거에는 내수시장이 작은 국가에서는 글로벌 기업이 탄생하기 어려웠지만, 이제는 다르다. 인구 970만의 이스라엘에서 AI 보안 기업이 50조 원의 가치를 지닌 기업으로 성장하는 시대이다. 방글라데시와 같은 개발도상국에서도 AI 기반 핀테크 유니콘이 탄생하고 있다. 아이디어와 기술만 있다면 어디서든 글로벌 기업으로 성장할 수 있는 시대가 된 것이다.

　더구나 딥시크DeepSeek와 같은 고성능 오픈소스 언어 모델의 출현은 소수에 의한 AI 기술의 독점, 이로 인한 약자의 시장 진입 장벽을 일정 부분 허물고 있다. 누구나 사용할 수 있는 공개된 대형 모델을 기반으로, 특정 목적에 맞는 파인튜닝이나 경량화 작업을 통해 자신만의 특화 솔루션을 개발하는 일이 가능해진 것이다. 이는 막대한 자본이 없더라도 스타트업이나 벤처기업이 AI 기반의 신시장, 특히 개인화된 AI 에이전트, 산업 특화형 AI 도우미, 자동화 솔루션 등에 도전할 수 있는 현실적 가능성을 열어 주고 있다.

    이제 AI 시장은 '모델 개발'의 경쟁을 넘어 '모델 활용'의 경쟁으로 전환되고 있다. 이러한 변화는 AI 스타트업 육성 정책의 강화 필요성을 제기한다. 이재명 정부와 공공 부문은 이러한 흐름을 기회로 활용하도록 초기 실증 사업과 바우처 지원, 공공 데이터 개방 등 마중물 역할을 수행해야 한다. 이는 민간 스타트업의 시장 참여를 촉진하고, AI 생태계의 다양성과 역동성을 높이는 중요한 정책적 기반이 될 수 있다.

    특히 스타트업이 '죽음의 계곡'을 넘을 수 있도록 초기 투자를 확대해야 한다. 또한, AI 기반 스타트업이 실패하더라도 재도전할 수 있는 문화와 제도가 마련되어야 한다. 이스라엘처럼 실패를 경험으로 인정하고, 오히려 재도전 시 더 많은 지원을 하는 문화가 절실하다.

    AI 뉴딜의 성공은 중소기업과 스타트업의 혁신에 달려 있다. 대기업 중심의 경제 구조에서 중소기업과 스타트업이 주도하는 역동적인 AI 생태계가 병행하도록 하는 경제 시스템을 구축해야 한다. 이것이 AI 뉴딜의 핵심이자 성공의 열쇠이다.

AI 뉴딜, 좋은 일자리를 추구한다

기술 혁명의 역사가 만든 일자리 변화

AI가 일자리를 대체할 것인가, 아니면 새로운 일자리를 만들어 낼 것인가? 이는 AI 시대의 가장 큰 화두이다. 불안감과 기대감이 공존하는 현실에서, AI 뉴딜은 분명한 메시지를 던져야 한다.

"AI는 일자리를 대체하는 것이 아니라, 더 나은 일자리를 만들어 내는 도구가 될 것이다."

역사를 돌아보면, 기술 혁명은 언제나 일자리의 성격을 변화시켰다. 증기기관의 등장으로 사라진 일자리가 있었지만, 더 많은 새로운 일자리가 생겨났다. 컴퓨터와 인터넷의 등장으로 타자수, 전화교환원과 같은 직업이 사라졌지만 프로그래머, 웹디자이너, 빅데이터 분석가와 같은 새로운 직업이 탄생했다.

AI 시대에도 이러한 패턴은 반복될 것이다. 단순 반복적인 업무는 AI가 대체하겠지만 창의성과 공감 능력, 복잡한 문제 해결 능력이 필요한 새로운 일자리가 생겨날 것이다. 이미 존재하는 직업이 AI와 함께 진화하는 모습도 목격되고 있다. 새롭게 등장한 AI 관련 일자리 유형 사례를 살펴보면 [표 4]와 같다.

[표 4] AI가 창출하는 새로운 일자리 예시

분야	유형	설명
AI 자체 일자리	AI 프롬프트 엔지니어(디자이너)	생성형 AI에 최적의 결과를 얻기 위한 입력 설계 및 최적화
	AI/ML 엔지니어	AI 모델 개발, 머신러닝 알고리즘 설계 및 구현
	데이터 큐레이터/ AI 트레이너	AI 학습용 데이터 수집, 분류, 품질 관리 및 윤리적 데이터셋 구축
	AI 윤리 감사관/ AI 윤리 전문가	AI 시스템의 윤리, 투명성, 공정성, 법규 준수 여부 감독 및 가이드라인 수립
	AI 제품 매니저	AI 기반 제품/서비스 기획, 개발, 시장 출시 총괄
	AI 연구원/과학자	신기술 연구, AI 이론 개발, 혁신적 알고리즘 탐색
	신뢰·안전성 전문가	AI 시스템의 안전성, 신뢰성, 위험 평가 및 관리
AI-인간 협업 일자리	AI 협업 창작자	AI와 협업해 예술, 디자인, 콘텐츠 등 창작 활동 수행
	AI 보조 의료 전문가	AI 진단·분석 도구를 활용해 진료, 치료, 환자 관리 등 의료 서비스 혁신
	AI 기반 교육 코디네이터	AI 튜터, 학습 데이터 분석을 통한 맞춤형 교육 설계 및 지원
	인간-AI 협업 매니저	인간과 AI가 함께 일하는 업무 환경 최적화 및 프로세스 설계
전통 직업의 진화	스마트팩토리 통합 관리자	공장 내 AI 시스템, 로봇, 데이터 기반 생산 관리 및 최적화
	디지털 웰니스/헬스 코치	웨어러블·AI 분석을 활용한 맞춤형 건강관리, 라이프 코칭
	농업 AI 전문가	스마트팜, AI 기반 농업 자동화·최적화 및 데이터 분석
	AI 통합 품질관리자	AI 기반 비전 검사, 자동화 품질 관리, 데이터 기반 생산성 향상
	AI 기반 고객 경험 디자이너	AI 키오스크, 챗봇 등과 연계된 맞춤형 고객 경험 설계
	AI 법률/행정 전문가	AI를 활용한 법률 문서 분석, 판례 추천, 행정 자동화 등

AI 뉴딜의 미래 일자리 청사진

이와 같은 상황에서 AI 뉴딜은 미래 일자리 창출의 청사진을 제시해야 한다.

첫째, AI 관련 직접적인 일자리를 대폭 확대해야 한다. AI 프롬프트 디자이너, AI 개발자, AI 트레이너, AI 윤리 전문가 등 AI 산업 생태계에 필요한 인력 수요는 폭발적으로 증가할 것이다. 이들을 양성하기 위한 교육 시스템을 구축하고, 산업 현장에 투입하는 선순환 구조를 만들어야 한다.

둘째, AI와 협업하는 하이브리드 일자리를 만들어야 한다. 의사와 AI 진단 시스템, 교사와 AI 튜터, 디자이너와 생성형 AI의 협업 모델을 개발하고 확산시켜야 한다. AI가 반복적인 업무를 처리하는 동안, 인간은 더 창의적이고 가치 있는 업무에 집중할 수 있다.

셋째, AI로 인해 일자리를 잃을 위험이 있는 직군에 대한 선제적 대응이 필요하다. 직업 전환 교육과 재취업 지원 프로그램을 대폭 확대해야 한다. 특히 50대 이상의 중장년층이 AI 시대에 뒤처지지 않도록 맞춤형 교육 프로그램을 제공해야 한다.

넷째, AI 기술을 활용한 플랫폼 노동자의 권리를 보호하고, 좋은 일자리로 만들어 가야 한다. AI 기반 매칭 알고리즘의 투명성을 확보하고, 플랫폼 노동자의 사회안전망을 강화해야 한다.

이와 같이 AI 뉴딜은 단순히 일자리의 숫자를 늘리는 것이 아니라, 일자리의 질을 높이는 데 초점을 맞춰야 한다. AI와 함께 일하는 미래에는 더 적은 시간 일하면서도 더 많은 가치를 창출할 수 있어야 한다.

AI가 생산성을 높이고, 그 혜택이 노동 시간 단축과 삶의 질 향상으로 이어지는 선순환 구조를 만드는 것이 AI 시대 노동 정책의 핵심이 되어야 한다. 우리가 추구해야 할 것은 AI와의 경쟁이 아니라, AI와의 공존과 협력을 통한 더 나은 노동 환경의 창출이다.

결국 AI 뉴딜은 좋은 일자리를 만들기 위한 국가적 약속이 되어야 한다. 이를 통해 국민 모두가 AI 시대의 혜택을 누릴 수 있도록 해야 한다. 국제노동기구 ILO 는 '좋은 일자리 Decent Work'의 조건으로 적절한 보수, 안전한 근무 환경, 사회적 보호, 개인의 성장 기회, 사회적 통합 등을 제시한다. AI 뉴딜은 이러한 조건을 충족시키는 양질의 일자리를 창출하는 데 초점을 맞춰야 한다.

AI 시대의 도래는 두려움의 대상이 아니라, 더 나은 미래를 만들 기회가 되어야 한다. AI와 함께하는 미래에서 인간은 더 창의적이고, 더 인간적이며, 더 가치 있는 일에 집중할 수 있을 것이다. AI 뉴딜이 이러한 미래를 앞당기는 든든한 발판이 되기를 기대한다.

AI 뉴딜, 정부는 테스트베드이다

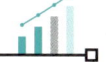

AI 기술이 아무리 뛰어나도 시장에서 검증되지 않으면 의미가 없다. 하지만 새로운 AI 기술을 시장에 도입하는 과정은 많은 위험과 불확실성을 수반한다. 규제의 벽, 초기 사용자 확보의 어려움, 사회적 수용성 문제 등 넘어야 할 산이 많다. 이러한 상황은 정부가 테스트베드의 역할을 해야 함을 요구한다.

테스트베드Test Bed란 어떤 제품이나 서비스가 시장에 출시되기 전에 그 효과와 안전성을 검증하는 실험 공간이다. AI 뉴딜에서 정부는 단순한 정책 입안자가 아닌, 적극적인 테스트베드이자 리스크 테이커Risk Taker이다.

전자정부는 테스트베드가 성공시켰다

노무현 정부 시절 추진한 전자정부 혁신은 정부가 테스트베드가 된 대표적 사례로 꼽을 수 있다. 2003년부터 본격화된 전자정부 사업은 정부가 IT 기업들의 첫 번째 고객이 되어, 당시로서는 혁신적이었던 디지털 서비스들을 먼저 도입하고 검증했다. 전자조달 시스템인 나라장터, 전자민원 서비스 시스템, 행정 정보 공유 시스템 등은 정부가 테스트베드 역할을 수행하며 발전시킨 대표적 서비스이다. 이렇게 국내에서 검증된 전자정부 시스템은 이후 세계 전자정부 평가에서 최상위권을 차지하며 글로벌 경쟁력을 입증했다. 2010년대 이후에는 대한민국의 전자정부 모델이 베트남, 인도네시아, 몽골 등 여러 국가로 수출되어 약 8억 달러 규모의 경제적 효과를 창출했다. 이는 정부가 혁신 기술의 테스트베드 역할을 수행함으로써 국내 기업의 글로벌 경쟁력을 높인 성공 사례이다.

[표 5] 전자정부 혁신 성공 사례

분야	전자정부 명칭	성공 내용 요약
행정혁신	전자정부 31대 로드맵	• 전자정부 31대 로드맵을 마련 • 부처 간 통합적 전자행정 체계 구축 • 세계적 수준의 전자정부 완성 기반 마련
행정업무	이지원 시스템	• 전자결재 시스템(이지원) 전국 모든 행정·공공기관에 도입 • 종이 없는 실시간 전자 행정 실현
민원 서비스	민원24	• 온라인에서 각종 민원서류 발급·신청이 가능한 통합 민원 서비스 제공 • 국민 편의 대폭 증진
세무행정	홈택스	• 국세 신고·납부 등 세무업무를 온라인으로 처리 • 투명성 및 효율성 제고
부동산·법률	인터넷 등기소	• 부동산 등기 등 법률 관련 서류를 온라인으로 처리 • 국민 접근성·편의성 향상
정보보호	사이버테러 대응 시스템	• 세계가 주목한 모범적 사이버 테러 대응 체계 구축 • 정보보호 역량 강화
정보통합	행정 정보통합 시스템	• 부처별로 분산된 행정 정보를 통합 • 수요자 중심 정보 제공 체계로 전환 • 정보 접근성 및 활용성 제고

AI 테스트베드의 대표적인 국가 사례로는 창업 천국으로 불리는 이스라엘을 들 수 있다. 2024년 기준으로 인구가 970만 명인 이스라엘에는 AI 스타트업만 2,200여 개가 있다. 이렇게 활발한 창업 생태계가 형성된 배경에는 정부의 테스트베드 역할이 있다. 이스라엘 정부는 자국의 유망 AI 기술을 적극적으로 공공 영역에 도입하고, 시장 검증을 돕는다. 사이버 보안 분야의 경우, 군과 정보기관이 첫 고객이 되어

기술을 검증하고 개선하는 역할을 한다.

싱가포르의 'Smart Nation' 이니셔티브나 에스토니아의 디지털 정부 모델 역시 정부가 테스트베드 역할을 수행한 성공 사례이다. 이들 국가는 신기술을 먼저 공공 영역에 적용하고, 검증된 모델을 전 세계에 수출하는 전략을 펼쳐 왔다.

테스트베드 전략

AI 뉴딜도 이러한 테스트베드 전략을 적극 도입해야 한다.

첫째, 모든 정부 부처와 공공기관이 국내 AI 기업의 첫 고객이 되어야 한다. 공공조달 과정에서 AI 스타트업과 중소기업 필요시 대기업과 협업에 특별한 기회를 제공해야 한다. 성능이 다소 부족하더라도 함께 개선해 나가는 동반 성장의 자세가 필요하다.

둘째, 공공 영역의 대규모 AI 프로젝트를 과감하게 추진해야 한다. 한국형 AI 기반 공공 서비스 모델을 개발하고, 이를 전 세계에 수출할 수 있는 레퍼런스로 삼아야 한다. 예를 들어, AI 기반 지능형 교통 시스템, AI 활용 재난 대응 시스템, AI 기반 환경 모니터링 시스템 등은 대한민국이 세계 시장을 선도할 수 있는 영역이다.

셋째, 공공 데이터와 정부가 보유한 인프라를 과감하게 개방해야 한다. 정부가 보유한 양질의 데이터는 AI 기업들에게 황금과 같은 자원이다. 개인정보 보호와 보안을 유지하면서도 데이터를 적극적으로 개방하고 활용할 수 있는 환경을 만들어야 한다.

넷째, 규제 샌드박스를 통해 혁신적인 AI 서비스가 규제에 막히지 않도록 해야 한다. AI 기반 공공 서비스는 물론 자율주행차, AI 의료 진단, 금융 로보어드바이저 등 규제가 복잡한 영역에서 실증 특례를 대폭 확대해야 한다. 정부 주도로 규제를 선제적으로 정비하고, 안전장치를 마련하는 동시에 혁신의 공간을 열어 줘야 한다.

최근 경기도가 '경기도 AI 혁신 실증 특구'를 조성하여 자율주행, 스마트팜, 의료 AI 등 다양한 분야의 기업들에게 실증 기회를 제공하는 것은 큰 의미가 있다. 경기도는 31개 시군의 다양한 환경을 활용해 농촌형, 도시형, 산업단지형 등 상황별 맞춤형 테스트베드를 구축하고 있다. 특히 판교 테크노밸리를 중심으로 AI 스타트업들이 실제 도시 환경에서 기술을 검증할 수 있는 '리빙랩Living Lab' 프로그램은 기업들에게 실질적인 도움을 주고 있다. 이러한 지방자치단체의 노력을 중앙정부가 적극 지원하고, 전국적으로 확산시켜야 한다.

정부가 테스트베드 역할을 성공적으로 수행한다면 우리나라의 AI 기업들은 국내 레퍼런스를 바탕으로 글로벌 시장에 더욱 신속하게 진출할 수 있을 것이다. 정부의 테스트베드 역할은 정부와 민간의 협력을 통해 대한민국을 세계적인 AI 강국으로 만드는 디딤돌이 될 것이다.

AI 뉴딜, 균형 발전을 지향한다

대한민국은 수도권과 비수도권의 격차가 점점 더 심화되고 있다. 인구의 절반 이상이 수도권에 집중되어 있고, 좋은 일자리와 교육 기회도 수도권에 몰려 있다. AI 시대가 도래하면서 이러한 불균형이 더욱 심화될 소지가 크다. 현재 AI 관련 기업과 인재 분포 현황을 살펴보면, 국내 AI 스타트업의 약 75%가 서울과 경기도에 위치하고 있다. 특히 서울 강남구와 판교를 중심으로 AI 클러스터가 형성되어 있다. 주요 AI 연구 기관과 대기업 AI 연구소의 90% 이상이 수도권에 집중되어 있고, AI 관련 고급 인력의 약 80%가 수도권에서 활동하고 있다.

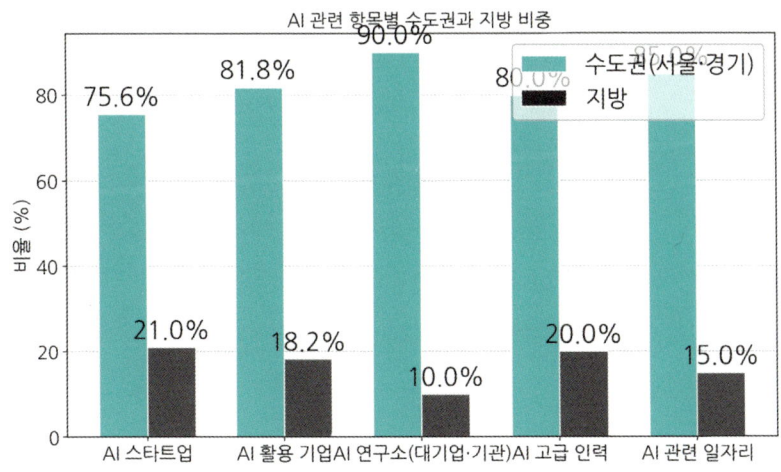

[그림 23] 수도권과 지방의 AI 관련 불균형 현황

이에 비해 지방의 경우 부산, 대구, 광주 등 일부 지역에서 AI 특화 단지를 조성하려는 노력이 있으나, 인재 유치와 기업 성장에서 여전히 큰 격차를 보이고 있다. 예를 들어, 지방 소재 AI 관련 일자리는 전국 대비 15% 수준에 불과하며, 고급 인재의 지방 유출은 지속되고 있는 실정이다. 이러한 AI 인재와 기업들이 서울과 수도권에 집중된 상황을 방치하면 지방의 경제는 더욱 악화될 소지가 크다.

AI 뉴딜의 균형 발전 방향

이에 AI 뉴딜은 이러한 불균형을 해소하고, 전국이 고르게 발전할 수 있는 기회가 되어야 한다. AI 기술은 지리적 제약을 뛰어넘을 수 있는 잠재력을 가지고 있다. 원격 근무, 원격 교육, 원격 의료 등이 활성화되면 꼭 수도권에 살지 않아도 양질의 서비스를 받을 수 있다. 이러한 AI의 특성을 적극 활용하여 지역 균형 발전을 이끌어 내야 한다.

첫째, 전국 주요 도시에 'AI 혁신 클러스터'를 조성해야 한다. 현재 광주에는 AI 데이터 센터·AI 집적단지가 운영 중이고, 부산에는 해양 AI 센터, 대구에는 제조 AI 센터가 추진 중이다. 이 지역들에 대한 추가적인 확산은 물론 대전에는 AI 의료, 강원도에는 AI 관광과 같이 지역별 특화 산업과 연계한 AI 클러스터를 구축해야 한다. 이를 통해 지역별로 특화된 AI 생태계를 조성하고, 지역 인재들이 고향을 떠나지 않고도 일할 수 있는 환경을 만들어야 한다.

둘째, 지방 대학을 AI 인재 양성의 허브로 육성해야 한다. 현재 AI 교육은 서울의 몇몇 명문대학에 집중되어 있다. 이를 전국의 지방 대학으로 확대하고, 지역 특화 산업과 연계한 AI 인재 양성 프로그램을 운영해야 한다. 지방 대학과 지역 기업, 그리고 지자체가 협력하는 '지역 AI 인재 양성 프로그램'을 전국적으로 확대해야 한다.

[그림 24] AI 뉴딜 균형 발전 방향

셋째, 디지털 노마드Digital Nomad, 생계를 위해 통신 기술을 이용하는 유형의 사람들를 위한 인프라를 구축해야 한다. 코로나19 이후 원격 근무가 일상화되면서, 굳이 도시에서 살지 않고 자연환경이 좋은 지역에서 일하는 디지털 노마드가 증가하고 있다. AI 개발자, 프리랜서, 창작자들이 지방에서도 불편함 없이 일할 수 있도록 초고속 인터넷, 공유 오피스, 주거 시설 등을 갖춘 '디지털 빌리지'를 전국 각지에 조성해야 한다.

넷째, 공공 AI 서비스의 지역 우선 도입을 추진해야 한다. 새로운 AI 기반 공공 서비스를 도입할 때, 수도권보다 지방에 우선 도입하는 정책을 펼쳐야 한다. 예를 들어, AI 기반 교통 시스템, 스마트 시티 솔루션, AI 활용 공공 의료 서비스 등을 지방 중소도시에 먼저 도입하고, 성공 사례를 만들어 전국으로 확산시켜야 한다.

다섯째, 지역 소상공인과 중소기업의 AI 도입을 적극 지원해야 한다. AI 기술 도입은 수도권에 집중되어 있다. 현재 AI 바우처 지원 사업, 스마트 상점 지원 사업, 지역 특화 제조 AI 센터가 가동 중이긴 하다. 그러나 턱없이 부족한 수준이라 할 수 있다. 지방의 소상공인과 중소기업들도 AI 기술을 쉽게 도입할 수 있도록 '지역 AI 지원센터'를 설립하고, 맞춤형 컨설팅과 기술 지원을 제공해야 한다.

AI 뉴딜은 서울과 수도권 중심의 발전 전략이 아닌, 전국이 고르게 발전하는 균형 발전 전략이 되어야 한다. AI 기술의 혜택이 수도권에만 집중되지 않고 전국 곳곳에 골고루 확산될 때, 진정한 국가 발전을 이룰 수 있을 것이다. 디지털 디바이드 Digital Divide 가 아닌, 디지털 커넥트 Digital Connect 를 통해 하나된 대한민국을 만들어야 한다.

5장

AI 뉴딜, 어떻게 할 것인가?

AI 뉴딜, 생존이자 미래 전략이다

더불어 함께 나누는 5만 달러 시대로!

AI 뉴딜은 단지 일시적인 산업 육성을 넘어, 미래 세대를 위한 국가 전략이자, 사회적 대타협과 국가 대전환을 견인하는 프로젝트다. AI 뉴딜은 전 국가적 AI 혁명을 통해 경제성장과 사회적 포용을 동시에 달성하겠다는 의지를 담고, 누구나 성장의 과실을 나누는 '포용적 번영'을 지향한다. 이러한 국가 비전을 실현하기 위해 3대 AI 강국 실현, 국민소득 5만 달러 시대 진입, 자본시장 선진화를 상징하는 코스피 5,000 달성, AI 유니콘 300개 육성 등의 네 가지 구체적 목표를 설정한다.

[그림 25] AI 뉴딜의 4대 목표

첫째, AI 3대 강국 도약은 기술력, 시장점유율, 창업 기업 수에서 세계 톱top 3에 드는 AI 강국이 되는 것이다. 현재 우리나라는 글로벌 AI 성숙도 평가에서 미국·중국 등 선도 5개국에 들지 못하고 호주·독일·일본 등과 함께 2군으로 분류된다.

이는 정책, 인재, R&D, 투자 등에서 개선 여지가 있다는 의미이며 보다 적극적인 전략이 필요하다는 지적이다. 3대 AI 강국 실현은 이러한 격차를 극복하고 AI 핵심 기술 보유국으로서 세계 시장을 선도한다는 목표이다.

둘째, 1인당 국민소득 5만 달러 달성은 국내총생산과 국민소득을 크게 높여 선진국 최고 수준의 생활 수준을 이루고자 하는 야심찬 목표이다. 2024년 현재 우리나라의 1인당 GNI는 약 3만 6,600달러 수준이다. 이를 5만 달러로 끌어올리려면 신성장 동력 창출과 생산성 혁신이 필수적이다. AI를 전 산업에 적용하여 생산성을 제고하고 신산업을 육성함으로써 경제 파이를 키운다는 것이다. 그리고 그 성과를 국민과 더불어 나누겠다는 비전이다.

셋째, 코스피 KOSPI 지수 5,000 달성은 한국 자본시장과 기업가치의 도약을 상징한다. 이는 자본시장의 본질적인 혁신과 선진화가 선행되어야 가능하다. 그와 동시에 AI와 디지털 전환을 통해 기업들의 혁신성과 수익성이 높아지면 코스피 지수의 안정적 5,000 돌파도 가능해진다. 예컨대 AI 기술을 선도하는 기업들이 유니콘을 넘어 코스피 주역으로 성장하고, 전통 기업들도 AI를 도입하여 경쟁력을 제고하면 기업들의 가치는 당연히 상승하게 된다. 이는 튼튼한 산업 기반과 투자 활성화 및 자본시장 선진화의 결과물이기도 하다.

넷째, AI 유니콘 300개 육성은 AI 분야에서 기업가치 10억 달러 이상의 유니콘 스타트업 300개를 배출하겠다는 목표이다. 2025년 현재 우리의 유니콘 수는 16개다. 미국 702개이나 중국 302개에 비해 현격한 차이가 있다.

특히 AI 분야 유니콘은 손에 꼽을 정도이므로 300개라는 수치는 혁신 스타트업 생태계를 비약적으로 성장시키겠다는 강력한 의지 표명이다. 이를 통해 양질의 일자리 창출과 신산업 성장을 달성하고 궁극적으로 세계 AI 시장에서 대한민국 기업들의 점유율을 크게 높이겠다는 것이다.

이상의 네 가지 목표는 상호 보완적이다. AI 기술력과 산업의 발전이 새로운 기업과 일자리를 창출하고, 이것이 경제성장으로 이어져 국민소득과 주식시장 가치가 상승하는 선순환 구조를 기대할 수 있다. 역으로 이러한 목표 달성을 통해 확보된 경제적 성과는 다시 AI 분야에 대한 투자 여력과 사회적 수용성을 높여 줄 것이다. 요컨대 AI 중심의 혁신 성장을 통해 모두가 잘사는 5만 달러 시대를 구현하겠다는 것이 본 목표의 핵심이다. 정부와 민간, 대기업과 중소기업, 자영업자와 국민 모두가 '원팀'이 되어 이 목표를 공유하고 추진해 나가는 것이 중요하다.

딛고 일어서야 할 우리의 AI 상황

AI 뉴딜은 비전도 좋고 목표도 좋다. 그러나 국내외적으로 산적한 과제들을 헤쳐 나가지 못하면 허망한 꿈으로 끝나고 만다. 이에 정치·경제·사회·기술적 환경 PEST 요인으로 나누어 과제의 내용을 살펴기로 한다.

첫째, 먼저 정치적인 측면부터 보자. 세계 각국은 AI를 국가 전략 요충지로 부상시키며 기술 패권 경쟁이 치열하게 전개하고 있다. 미국은 대규모 국방 예산과 연방 연구기금을 AI에 투입하고, 중국은 국가 주도로 AI 굴기를 선언하여 2030년 세계 1위 AI 강국을 목표로 하고 있다. 유럽연합EU은 AI Act 제정 등 규범 경쟁력을 강화하는 한편 거대 연구 프로그램을 가동 중이다.

우리나라에서도 과학기술정보통신부 등 관련 부처가 AI 전략을 다수 발표해 왔다. 그러나 부처 간 조율과 일관된 추진력 확보가 과제로 지적되며, 주요국과 비교하면 정책 추진 속도가 더딘 측면이 있다.

정치권에서도 AI 육성에 높은 관심을 보였었다. 그러나 비상계엄으로 시작된 정치적 대혼란은 AI에 대한 시대적 중요성을 뒷전으로 밀어 버렸다. 가까스로 정치적 위기를 탈피하고 제21대 대선이 치러지면서 AI가 최대 공약으로 떠올랐다. 특히 이재명 대통령은 1호 공약으로 'AI 3강 도약'을 내세우며 전 국민이 AI를 자유롭게 사용하는 'AI 기본사회'를 천명했다. 한편, 국제 공조 측면에서는 미국의 반도체·AI 기술 동맹, 글로벌 표준 논의 등에 적극 참여하면서 국가의 이익을 극대화해야 하는 정치·외교적 과제도 존재한다.

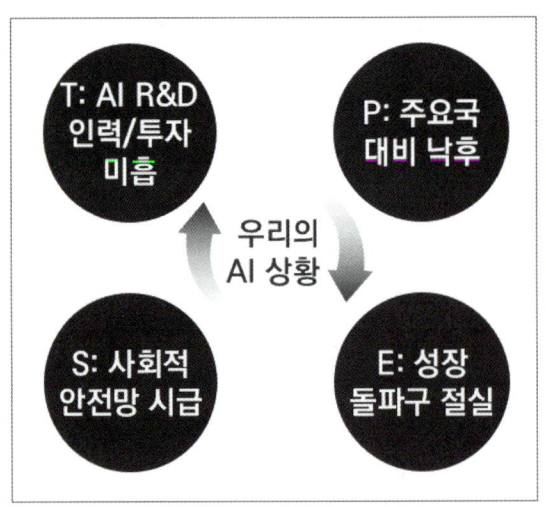

[그림 26] 우리의 AI 상황에 대한 PEST 분석 내용

둘째, 경제적 환경이다. 우리 경제는 저성장 국면에서 생산성 제고와 신산업 창출이 절실한 상황이다. 더구나 인구 고령화와 노동력 정체로 잠재 성장률이 하락하고 있어, AI를 통한 자동화와 혁신만이 새로운 성장 돌파구가 될 것이라는 공감대가 형성돼 있다.

특히 제조업 중심의 우리 경제는 AI를 도입한 스마트팩토리로 생산성을 높이고, 서비스 산업은 AI 기반 맞춤형 서비스로 부가가치를 높일 여지가 크다. 글로벌 경쟁 측면에서 우리 기업들은 AI 투자 규모나 기술력에서 미국 빅테크나 중국 BAT 등에 뒤처져 있어 민관 합동을 통한 투자 확충이 요구된다. 다행히 우리나라는 세계 최고 수준의 통신 인프라와 제조 기반, 풍부한 산업 데이터 등 AI 적용에 유리한 자산을 보유하고 있다. 이들을 경제적 기회로 연결하기 위한 전략이 필요하다. 아울러 AI로 인한 산업 구조 변화에 대응하여 교육 훈련 집중, 일자리 전환, 사회안전망 강화 등 경제·사회 정책의 조율도 요구된다.

셋째, 사회적 요인에 대한 점검이다. AI 확산에 대한 사회적 인식과 수용성이 중요한 변수로 등장했다. 국민 다수는 AI 기술의 편의성과 혁신을 체감하고 있고, 코로나19 이후 비대면 서비스 등을 통해 AI 친숙도가 높아졌다. 그러나 AI로 인한 일자리 대체 우려나 사생활 침해, 알고리즘 편향 등에 대한 불안도 존재한다. 실제로 "생산성은 높아지나 분배에 문제가 생길 수 있다"는 우려처럼, AI 시대에 기존 일자리 구조와 복지 제도가 흔들릴 것이라는 전망이 나온다. 이에 따라 AI 시대에도 포용적 성장을 이룰 수 있도록 국민적 공감대 형성과 윤리·제도적 뒷받침이 요구된다. 우리는 세계 최저 수준의 출산율과 급속한 고령화로 인한 노동력 감소를 우려하고 있다. 이는 AI 자동화를 통한 생산성 보완이 불가피함을 뜻하는 동시에, 대량 은퇴 시대의 사회안전망을 깊이 고민해야 함을 시사한다. 요약하면 AI에 대한 사회적 신뢰 구축과 디지털 격차 해소, 그리고 사람 중심의 AI 활용 문화 정착이 중요한 과제인 것이다.

넷째, 기술적 환경에 대해 살펴보자. 현재 AI 기술은 급격한 발전과 변화를 거듭하고 있다. 특히 대규모 언어 모델_{LLM}을 비롯한 생성형 AI의 등장은 산업 전반에 변혁을 일으키고 있다. 이러한 최첨단 모델을 학습시키는 데 필요한 연산량은 불과 5개월마다 2배로 증가하고, 학습 데이터 규모도 8개월마다 2배씩 늘어난다는 보고가 있을 정도로 기술 경쟁이 가속화되고 있다.

우리의 기술 수준은 일부 분야_{예: 메모리 반도체, 통신 장비}에서는 세계적이다. 그러나 정작 AI 핵심 알고리즘과 소프트웨어, 그리고 AI 클라우드 인프라 분야에서는 선도국 대비 크게 뒤진다. 스탠퍼드대 AI 지수 보고서에 따르면, 2024년 전 세계적으로 주목할 만한 AI 모델 62개 중 한국산은 단 1개에 불과하여 미국_{40개}·중국_{15개}에 비해 현저히 뒤처져 있다.

이는 최신 AI 기술 개발을 주도할 인재와 연구 역량 부족, 그리고 막대한 연산 인프라의 열세와 직결된 문제이다. 또한, 언어·문화적 특수성을 가진 한국형 AI 개발을 위한 양질의 한국어 데이터와 도메인 데이터가 턱없이 부족하다. 기술 표준과 오픈소스 생태계도 미국·유럽 주도로 형성되고 있어, 한국 기술진의 국제 표준에의 참여와 협력이 요구된다. 즉 기술 추격을 넘어 기술 선도를 위한 전략적 투자가 시급한 환경이라 할 수 있다.

지금은 정부의 역할이 중요하다

지금 우리의 AI 국제 경쟁력은 자칫하면 급격히 악화될 수도 있는 처지에 놓여 있다. 그중 우리의 AI 발전을 가로막는 주된 병목 요인은 인재, 인프라 데이터·컴퓨팅, 자본 투자, 그리고 제도를 들 수 있다. 현재 이들 요소 간에는 부정적인 피드백이 작용하여 악순환 구조가 우려된다.

AI 인재 측면에서 보면, 우수한 인재가 부족하다 보니 혁신 모델·제품이 적게 나올 수밖에 없다. 투자도 위축되면서 산업 매력이 떨어졌다. 이는 다시 우수 인재의 해외 유출을 부추기는 악순환 고리를 형성하였다. 실제로 링크드인 통계에서 한국의 AI 인재 이동지표는 -0.36으로 인재 유출이 유입보다 많다는 것을 보인다. 조사 대상 48개국 중 터키, 인도 등 소수 국가만이 한국보다 상황이 나쁜 것으로 나타났다.

컴퓨팅 인프라 부족 역시 병목이다. 국내 연구자와 기업들은 고성능 GPU 클러스터 접근에 어려움을 겪고, 대용량 AI 모델을 충분히 훈련하지 못해 경쟁에서 밀리는 형국이다. 과기정통부 장관은 "올해 GPU를 확보하지 못하면 4년 뒤처진 꼴이 되고, 2030년까지 선도국을 따라잡기 힘들 것"이라며 강한 우려를 표했다. 이는 인프라 부족 → 기술성과 부족 → 산업 투자 감소 → 다시 인프라 투자 여력 부족으로 이어질 수 있다.

하지만 역으로, 이러한 요소들 간에 긍정적인 피드백의 선순환을 만들 잠재력도 있다. 이를 시스템 다이내믹스 관점에서 살펴보면, "자원 투입 → AI 혁신 → 경제 성과 창출 → 재투자"의 강화 루프를 구축하는 것이 핵심이다.

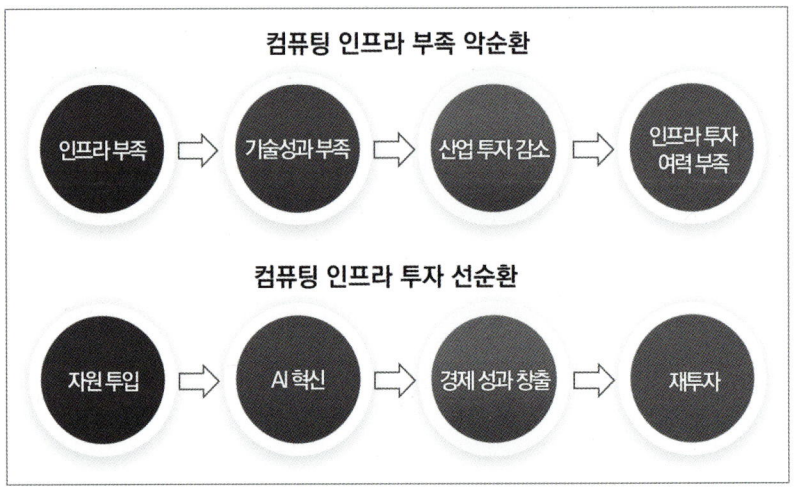

[그림 27] 컴퓨팅 인프라의 순환적 기능

그런데 AI 산업의 성장은 기술만으로는 가능하지 않다. 진정한 AI 강국으로 발돋움하기 위해서는 데이터, 인재, 인프라라는 세 가지 핵심 자원이 전략적으로 결합되어야 한다. 이러한 요소들이 유기적으로 연결될 때 AI 인프라 구축, 모델 개발, 산업 적용이라는 전체 가치사슬이 효과적으로 작동할 수 있다.

우리나라는 제조업에 대한 깊은 이해와 풍부한 산업 데이터를 보유하고 있어 '제조 AI' 분야에서 글로벌 경쟁력을 확보할 잠재력이 크다. 이 잠재력을 현실화하기 위해서는 전력 인프라, 양질의 데이터, 전문 인재 양성, 그리고 체계적인 기술 전략이 통합적으로 추진되어야 한다.

AI 생태계의 선순환 구조를 살펴보면, 정부와 민간의 적극적 협력을 통한 자원 투입이 혁신적 AI 모델과 서비스 개발로 이어진다. 이는 기업의 생산성 향상, 신산업 성장, 국가 GDP 증가, 일자리 창출로 확장되며, 결과적으로 늘어난 소득과 세수가 다시 AI 분야에 재투자되는 선순환이 형성된다.

그러나 현재의 AI 생태계는 민간 기업만의 노력으로는 극복하기 어려운 구조적 한계가 존재한다. 초기 단계에서는 정부가 마중물 역할을 담당하고, 민간은 이에 호응하여 적극적인 투자와 기술 혁신을 추진해야 한다. 정부는 필수 자원 확보와 제도 개선, 정책 조정자로서의 역할을 수행해야 하는 것이다.

결론적으로, 한국형 AI 생태계의 선순환 구조 정착과 AI 강국으로의 도약은 정부와 기업이 '원팀'으로 협력할 때 가능하다. 정부는 생태계의 균형과 연결을 설계하는 통합 전략가로, 기업은 기술 혁신과 확산의 주체로서 상호 보완적 역할을 수행함으로써 AI 3대 강국으로의 목표를 실현할 수 있을 것이다.

비전 실현을 위한 전략적 접근

성장동력 창출 전략: AI를 활용한 미래 산업성과 실현

AI 뉴딜의 핵심 목표 중 하나는 AI를 다양한 산업과 지역에 접목시켜 미래의 성장동력을 창출하는 것이다. 즉 미래 성장동력 창출 전략은 제조업, 주력 산업, 중소기업, 소상공인, 스타트업, 지역 산업, 녹색 산업, 융합 신산업 등 각 분야에 AI 기술을 적용하여 산업 혁신을 유도하고, 생산성 향상과 신시장 개척, 일자리 창출 등의 구체적인 성과를 만들어 내도록 하는 전략이다.

이 전략은 AI 기술을 경제 및 사회 전반에 확산시켜 구체적인 성과를 창출하는 데 초점을 맞추고 있으며, AI가 '어디에 활용되어 어떤 효과를 낼 것인가'에 대한 전략적 접근이라고 할 수 있다. 이는 'AI로 무엇을 할 것인가'라는 질문에 답하는 부분이다.

인프라 혁신 전략: AI 기반 성장동력의 실행 조건 혁신

반면, 인프라 혁신 전략은 그러한 성과 창출이 가능한 조건과 환경을 갖추는 데 집중한다. AI를 통해 성과를 내려면 인재 양성 체계, 연구개발 생태계, 데이터 및 컴퓨팅 인프라, 윤리 기반, 규제 합리화^{혁신}, 재정 투자 체계, 거버넌스 구조, 보안 체계, 글로벌 협력 플랫폼 등이 뒷받침되어야 한다.

이 전략은 AI 생태계가 지속 가능하고 신뢰 가능한 방식으로 작동하도록 제도적·기술적 기반을 혁신하는 것으로, '무엇이 뒷받침되어야 AI가 제대로 작동하고 쓰일 수 있는가'에 답하는 부분이다.

인프라 혁신 투자와 성장동력 창출의 선순환 관계

AI를 활용하여 국가의 미래 성장동력을 창출하기 위해서는 성과를 만들어 내는 실행 전략과 그 성과가 가능하도록 뒷받침하는 기반 전략이 동시에 작동해야 한다. 이 두 축이 바로 '성장동력 창출 전략'과 '인프라 혁신 전략'이다. 이 두 전략은 유기적으로 연결된 하나의 성과 사슬을 구성한다.

인프라가 먼저 구축되고 혁신되어야 정책 활동이 가능해지고, 정책 활동을 통해 실질적인 성과가 발생하며, 그 결과가 거시적 영향으로 확장되는 선순환 구조를 이룬다. 결국 인프라 혁신 전략은 조건이고, 성장동력 창출 전략은 실행이다. 정부가 이 두 전략을 함께 설계하고 병행 추진할 때, AI는 단순한 기술을 넘어 지속 가능한 국가 성장의 핵심 자산으로 작동할 수 있다.

성과 사슬은 '투입 → 활동 → 산출 → 결과 → 영향'의 경로에 따라 두 전략이 유기적으로 연결되는 것을 보여 준다.

먼저 투입 Input 단계에서는 핵심 자원^{인재, 예산, 기술, 파트너십 등}을 전략적으로 배분하는 것이 출발점이다. 예를 들어, 정부 재정 투입과 제도 개선, 민간의 투자와 협력이 투입에 해당한다. 이를 바탕으로 활동Activity 단계에서는 구체적인 성과 창출 정책 프로그램들을 실행하게 된다.

산출Output은 각 정책별 단기 성과라 할 수 있다. 예를 들어, 인재 양성 정책의 산출은 연간 AI 석·박사 및 산업 부문별 AI 인력 배출 인원 수 증가, 데이터 인프라 전략의 산출은 개방형 데이터셋 확충 건수 등으로 나타날 수 있다. 이러한 산출들이 모여 중간 결과Outcome를 이룬다. 중간 결과란 전략 목표에 근접한 성과로서, 예컨대 산업별 AI 활용도 상승, AI 스타트업 투자 규모 확대, AI 신뢰 지수 향상 등이 포함된다. 중요한 것은 이러한 결과들이 종착점 영향Impact인 비전 달성으로 연결되는지 확인하는 것이다. AI 뉴딜의 궁극적 비전은 5만 달러 시대, AI 3대 강국 실현 등이다.

이상에 본 바와 같이, 투입으로 시작된 정책이 활동으로 이어져 성과를 내고 목표를 달성하도록 하는 전략은 미래 성장동력 창출 전략과 인프라 혁신 전략으로 이루어진다. 이 두 축의 전략은 정부의 적극적이고 집중적인 투자로 연결되도록 하는 AI 뉴딜의 핵심 정책 실행 방향이다. 이는 앞에서 우리나라의 AI 관련 여건을 정치적, 경제적, 사회적, 그리고 기술적 환경을 분석하여 도출된 개선 과제를 중심으로 정리된 것이다. 여기에서 제시된 두 축의 전략은 각각 7대 실행 정책과 9대 실행 정책으로 구성된다.

[표 6] AI 뉴딜의 양대 전략과 실행 정책

	미래 성장동력 창출 전략	인프라 혁신 전략
AI 뉴딜 실행 정책	1. 제조업 및 주력 산업의 AX 2. 중소기업·소상공인의 AI 스케일업 지원 3. AI 스타트업 및 유니콘의 글로벌 진출 지원 4. AI 기반 공공 혁신을 통한 신시장 창출 5. AI 융복합 신산업 육성 6. 지역 특화 AI 클러스터 구축 7. AI 기반 녹색산업 혁신	1. AI 인재 양성 체계 혁신 2. AI 연구개발 생태계 혁신 3. 데이터 자원 확보 및 활용 활성화 4. AI 컴퓨팅 인프라 확충 5. AI 신뢰성·윤리 기반 구축 6. 법·제도 및 규제 혁신 7. AI 분야 투자 및 재정 지원 연계 8. 거버넌스 및 협력 인프라 9. AI 보안·사이버 방어 체계 구축

미래의 성장동력을 창출할 7대 정책은 AI 뉴딜 비전 실현을 위해 AI 기술과 활용을 통해 경제·사회적 성과를 직접 만들어 내도록 하는 실행 정책성장동력 정책들로 구성되어 있다. 정책마다 우리나라의 현황과 문제점을 진단하고, 해결해야 할 핵심 과제를 도출하며, 이를 이행하기 위한 구체적인 정책 과제들을 제안한다. 특히 중소기업·소상공인의 AI 혁신을 별도로 추진하여 대기업뿐 아니라 경제 저변 전체의 디지털 혁신을 추진하도록 한다. 또한, 산업별 AX AI 전환, 신산업 창출, 창업 활성화 등 다양한 측면에서 AI를 활용해 미래 성장동력을 확보하도록 한다.

미래 성장동력 창출 전략을 성공적 실행하도록 하기 위해서는 이를 뒷받침하는 인프라 기반 혁신 전략이 필요하다. 인프라 전략의 9대 실행 정책은 AI 발전의 토양과 환경을 조성하는 것으로, 인재, 연구개발, 데이터, 인프라, 법제도, 윤리, 투자, 거버넌스 등 전방위에 걸쳐 있다. 관련 정책들은 미래 성장동력 창출 전략의 정책들과 유기적으로 연계되어 추진되어야 하며, 어떤 정책을 먼저 강화하느냐에 따라 전체 정책의 효과와 우선순위가 결정된다.

AI 뉴딜은 집중적이고 과감한 투자를 통한 미래 먹거리와 일자리 창출에 초점을 둔다. 이와 직접 관련되는 전략은 미래 성장동력 창출 전략이므로 이 책에서는 이 전략을 중심으로 기술한다. 인프라 혁신 정책에 대해서는 핵심 내용을 간략하게 제안하는 방식으로 정리하고자 한다.

성장동력 정책 1.
제조업 및 주력 산업의 AX

제조업은 우리나라 GDP의 약 25%를 차지하는 핵심 산업으로, AI 도입에 따른 스마트 제조 혁신의 잠재력이 크다. 삼성전자, 현대자동차 등 일부 대기업은 스마트팩토리를 구축해 생산 공정을 최적화하고 있으나, 중견·중소기업으로의 확산은 여전히 더디다. 우리나라는 제조 공정 데이터와 현장 노하우가 풍부해 AI 적용에 유리한 기반을 갖췄지만, 이를 활용한 세계적인 제조 AI 솔루션이나 플랫폼은 아직 부족하다. 독일의 Industrie 4.0, 일본의 Society 5.0 등 주요국은 제조업 디지털 전환을 가속화하고 있다. 우리도 주력 산업의 AI 활용 속도를 빠르게 높여야 한다.

물론 정부는 '지능형 제조 혁신 지원 사업'을 통해 2.5만 개 중소기업의 스마트 공장 구축과 AI 도입을 지원하고 있다. 최대 4억 원 규모의 보급 사업, 제조 AI 센터 확충 7개소, AI 스타트업 육성, 데이터 표준화 프로젝트 등을 추진하고 있다. 그러나 중소기업은 IoT 미적용 70%, 데이터 수집 인프라 부족 65%, 전문 인력 부족 82% 등으로 AI 도입이 여전히 어려운 상황이다. 특히 조선·자동차·반도체 등 주요 산업별 특화 AI 솔루션이 부족하고, 데이터 보안 우려로 인해 기업 간 협력도 제한적이다. 2025년 현재 우리나라 제조업의 AI 도입률은 18%에 불과하며, 대기업과 중소기업 간 기술 격차는 더 심화되고 있다.

제조업 AX AI 전환의 주요 과제는 데이터와 전문 인력 부족이다. AI

가 학습할 수 있도록 설비나 품질 데이터를 수집·정제해야 하나, 중소 제조업체일수록 인프라와 인력이 부족하다. 현장 작업자들의 디지털 역량 강화와 AI 도입에 대한 거부감 해소도 과제다. 다음으로, 제조업에 특화된 AI 기술 개발이 미흡한 것도 과제이다. 현재 대부분의 AI 알고리즘은 일반적인 패턴 인식에 머물러 있어, 시뮬레이션 AI, 산업용 비전 AI, 에너지 최적화 AI 등 산업 도메인 지식을 접목한 고도화가 요구된다. 세 번째 과제는 선도기업의 성공 사례를 확산하는 것이다. 이를 위해 표준화된 솔루션과 컨설팅 지원, 테스트베드 기반의 모범 사례 전파 체계 구축이 중요하다. 마지막으로 제조 데이터의 보안과 지식재산 보호가 중요하며, 공정 데이터의 영업 비밀성을 고려한 데이터 거버넌스 체계 마련이 필요하다.

이러한 개선 과제를 해결하면서 제조업과 주력 산업의 AX 촉진을 위한 실행 과제들을 제안하면 다음과 같다.

① AI 융합 메가 프로젝트 혁신

정부는 자동차·조선·반도체 등 주력산업에 AI를 접목하는 'AI+X R&DI 전략' 과제 600개를 2030년까지 추진하고 있다. 자율주행 공장, AI 기반 설계 최적화, 웨이퍼 결함 예측 시스템 개발 등이 대표 사례다. 그러나 2024년 산업통상자원부 보고서에 따르면, 이 중 78%는 대기업이 주도하고 있으며 중소기업 참여율은 12%에 그친다. 이는 AI 학습용 데이터 수집 역량과 고성능 컴퓨팅 자원이 부족한 중소기업에게 진입 장벽이 높기 때문이다. 또한, R&D 결과물이 현장에 적용되기까지 평균 3년이 소요되며, 이론 중심 연구가 많아 중소기업이 즉

각적으로 활용하기는 어렵다. 기술 확산 체계가 미비하고 예산 규모도 부족하다는 지적이 제기된다.

이러한 문제를 해결하기 위한 실행 방안은 다음과 같다.

첫째, 중소기업 주도형 컨소시엄을 운영한다. 대기업 중심 구조에서 벗어나 중소기업 참여를 의무화하고, 공정 데이터 제공과 공동 특허 출원을 유도한다. 예산은 대폭 증액하되, 중소기업 참여 시 최대 30% 추가 지원해 생태계 격차를 줄인다.

둘째, 모듈형 프로젝트를 설계한다. 공정 최적화·품질검사 등으로 대형 과제를 모듈화해 중소기업이 전문 역량을 집중할 수 있도록 설계한다. 이를 통해 단기 성과를 창출하고, 대기업과의 협업 시너지를 높인다.

셋째, 중소기업용 AI 데이터·컴퓨팅 플랫폼을 공유한다. 국가 AI 컴퓨팅센터의 GPU 자원을 하루 10시간 무료 제공하고, 블록체인 기반으로 대기업 데이터를 암호화해 공유한다. 데이터 제공 기업에 대해서는 세액공제 혜택을 부여해 참여를 유도한다.

넷째, 현장 맞춤형 기술 이전 프로그램을 시행한다. 중소기업의 구형 설비를 IoT 센서와 연동해 실시간 데이터를 수집·표준화하는 작업을 지원한다. 20년 된 장비를 개조해 AI 품질 관리 시스템을 구축하여 성공한 인천 소재 반도체 소재업체 사례를 확산한다.

다섯째, 성과연계형 펀드를 도입한다. 메가 프로젝트로 창출된 수익의 10%를 참여 중소기업에 재투자하도록 의무화한다. 이를 통해 중소기업의 신기술 개발 자금을 확보하고, 생태계 내 지속 가능한 성장동력을 마련한다.

② 맞춤형 스마트팩토리 보급

정부는 중소기업의 스마트팩토리 도입 확산을 위해 '탄소중립형 스마트 공장 보급 사업'과 '부처협업형 스마트 공장 구축 지원 사업'을 추진하고 있다. 2024년 270억 원 규모의 예산으로 130개 과제를 지원하며, 광주 AI 클러스터, 부산 조선 스마트팩토리 등 지역별 맞춤형 모델을 확산 중이다. 그러나 도입률은 여전히 18%에 머물며, 중소기업의 82%는 도입을 주저하고 있다.

그 주요 원인은 네 가지다. 첫째, 70%의 중소기업이 업종·규모에 적합한 특화 솔루션이 없다고 응답할 만큼 '맞춤성'이 부족하다. 둘째, 도입 비용의 60%를 기업이 부담해야 하는 구조 속에서 85%의 중소기업이 추가적인 재정 지원을 요구하고 있다. 셋째, 외부 전문가 의존도가 높아 자체 운영 역량이 부족하다. 넷째, 수집된 생산 데이터의 40%만 AI 분석에 활용되며, 표준화 및 보안 문제로 데이터 활용 한계가 뚜렷하다.

[그림 28] 맞춤형 스마트팩토리 예시

이러한 현장 문제를 개선하고 맞춤형 스마트팩토리 사업의 성과를 높이기 위한 실행 방안은 다음과 같다.

첫째, 자동차 부품, 섬유, 식품 등 10대 업종별로 예지 정비, 품질검사, 에너지 관리 등 필수 기능 모듈을 조합한 '모듈형 스마트팩토리 패키지'를 개발하여, 이를 도입하는 기업이나 컨소시엄에 최대 1억 원 정부 70%, 기업 30%을 지원한다. 예를 들어, 섬유 업종은 원단 결함 AI 검사를, 식품 업종은 HACCP 연동 시스템을 기본적으로 포함한다.

둘째, 정기 구독 방식으로 클라우드 기반 AI 모듈을 사용할 수 있도록 하는 'AI SaaS 플랫폼'을 운영한다. IoT 센서를 설치한 중소기업이 실시간 데이터를 업로드하면, 업종별 학습된 AI 모델이 자동 분석 결과를 제공하며, 1년 이상 구독 시 설비투자액의 상당액에 대해 세액공제를 제공해 초기 투자 부담을 완화한다.

셋째, AI 전문 인력 현장 파견 및 맞춤형 교육 강화이다. AI 전문가를 스마트팩토리 도입 기업에 일정 기간 파견해 초기 구축과 운영을 밀착 지원하고, 맞춤형 교육 및 온라인 컨설팅을 병행해 기업의 자립 역량과 안정적 운영 기반을 마련한다.

넷째, 데이터 표준화 및 보안·신뢰성 강화이다. 업종별 데이터 표준을 마련하고, 수집부터 분석·활용까지의 전 과정에 보안 프로토콜과 블록체인 기반 무결성 검증 시스템을 적용한다. 데이터 제공 기업에는 보안 인증 시 세제 혜택과 R&D 지원을 확대해 데이터 활용과 공유를 유도한다.

다섯째, 성과 기반 지원 및 상생형 도입 인센티브 제공이다. 기존 선지급 방식의 지원금을 실질적 성과 달성 시 인센티브로 전환한다. 대·중소기업 간 상생형 스마트팩토리 구축 시 정부의 지원 비율을 상향 조정한다. 예를 들어, AI 솔루션 도입 후 1년 이내 에너지 사용량 15%

절감, 불량률 30% 개선 등 성과를 입증한 기업에게는 R&D 자금 30%를 추가로 지원하는 'AI 성과 배가 펀드'를 운영해 스마트팩토리의 자발적 확산을 유도한다.

③ 업종별 AI 데이터센터 및 플랫폼 구축

정부는 AI 데이터센터 및 플랫폼 인프라 구축을 위해 국가 AI 컴퓨팅센터_{3만 개 GPU 확보 목표}와 KAMP_{한국형 AI 제조 플랫폼}를 추진하고 있다. 광주 AI 데이터센터를 기반으로 1EF_{exaflops}급 초대형 컴퓨팅 자원을 구축 중이며, 제조 중소기업을 위한 11개 분야 공동 활용 모델을 개발 중이다.

그러나 자동차 부품, 조선, 반도체 등 업종별 특화된 데이터 수집·활용 체계와 표준화는 아직 미흡하다. 클라우드 기반 플랫폼은 존재하지만, 초기 비용과 기술 역량 부족으로 중소기업의 활용률은 13.4%에 그친다. 중소기업의 75%는 플랫폼 접근성과 기술 복잡성을 주요 장애 요인으로 꼽으며, 영업 비밀 유출 우려로 데이터 공유도 기피하는 상황이다. 게다가 데이터센터는 광주·서울 등 일부 지역에 집중되어 있어, 다른 지역 중소기업의 접근성도 낮은 실정이다.

이러한 문제를 해결하고 업종별 AI 데이터센터 및 플랫폼 구축의 실효성을 높이기 위한 실행 방안은 다음과 같다.

첫째, 업종별 AI 데이터 허브를 구축한다. 울산_{자동차}, 부산_{조선}, 인천_{반도체} 등 산업 클러스터에 특화된 데이터 허브를 설치해 공정 데이터의 업종별 표준을 마련하고, 블록체인 기반 보안 시스템으로 무결성을 확보한다. 데이터 제공 기업에는 R&D 세액공제 20%, 활용 기업에는 GPU 사용료 50% 할인 혜택을 제공해 참여를 유도한다.

둘째, 지역 거점 데이터센터를 확충한다. 대구섬유, 광주반도체, 창원기계 등 7개 지역에 500PF급 소형 데이터센터를 구축해, 지방 중소기업이 저렴한 비용으로 쉽게 접근할 수 있도록 한다. 센터를 활용하는 기업에는 스마트팩토리 구축비의 30%를 추가 지원한다.

셋째, 데이터 전처리 자동화 도구를 무상 지원한다. 조선소의 용접 음향 데이터처럼 산업 현장의 원시 데이터를 AI 학습용으로 전환할 수 있도록 노이즈 제거부터 표준 출력까지 자동화된 전처리 로봇을 개발해 제공하며, 단기 교육 과정을 통해 기업 직원이 쉽게 사용할 수 있도록 지원한다.

넷째, 대·중소 상생형 데이터 활용 모델을 구축한다. 대기업이 데이터를 암호화해 중소기업에 공유하면 법인세 혜택을 부여한다. 예를 들어 자동차의 부품 결함 데이터 100만 건을 협력사가 AI 검사 모델 개발에 활용하고, 매출의 1%를 로열티로 지급하는 구조로 상생 생태계를 형성한다.

④ 산업 현장 AI 전문 인력 양성

정부는 '산업 전문 인력 AI 역량 강화 지원 사업'과 '생성형 AI 선도 인재 양성 사업'을 통해 AI 전문 인력 양성을 추진해 왔다. 중소기업 대상 AI 교육 프로그램과 바우처 지원을 확대하고 있으며, 35억 원 규모 생성형 AI 분야 3개 과제를 진행 중이다. 그러나 중소기업의 AI 도입률은 5.3%에 그치고, 53%의 기업이 전문 인력 부족을 주요 장애 요인으로 꼽는다.

이는 AI 교육이 대학 중심의 이론 위주 교육이다 보니, 실제 산업 현장에서 바로 적용할 수 있는 실무 역량을 갖춘 AI 인재가 충분히 배출되지 않고 있는 데에 그 원인을 찾을 수 있다. 특히 재직자 대상 실무형 교육 프로그램과 중소기업 맞춤형 지원 체계가 미흡하며, 해외 우수 인력 유치 정책도 부족한 실정이다.

이러한 현장 문제를 개선하고 산업 현장 AI 전문 인력 양성 사업이 잘 추진되어 성과를 내도록 하기 위한 실행 방안은 다음과 같다.

첫째, 산업 현장 밀착형 교육 프로그램이다. 대학과 기업이 협력해 AI 예지 정비 모델 개발 등 실습 중심 과목을 신설하고, 학생을 현장에 파견해 실제 데이터를 적용하는 실무 중심의 교육을 진행한다. 참여 기업에는 교육생 인건비 50% 지원 및 R&D 세액공제 혜택을 제공해 산학연 협력 생태계를 강화한다.

둘째, 재직자 대상 AI 업스킬링 플랫폼이다. 온라인 강의_{예: TensorFlow 활용}와 오프라인 워크숍_{예: AI 비전 시스템 구축}을 결합한 하이브리드 교육을 운영한다. 목표는 1년 내 중소기업 직원이 AI 모듈 1개 이상 구축할 수 있는 역량을 갖추도록 하는 것이다.

셋째, 업무 맞춤형 AI 활용 교육 아카데미 운영이다. 기술보다는 AI 활용을 통한 업무 생산성을 제고하여야 하는 재직자에 대한 AI 활용이 절실하다. 이에 AI 활용 교육 프로그램을 업종별, 직종별로 개발해 업무별로 맞춤형 교육이 대대적으로 시행되도록 한다.

넷째, 중소기업 AI 교육 바우처이다. AI 솔루션 구매 또는 구독 시 교육 비용 50%를 추가 지원하는 패키지를 제공한다. 예를 들어, 품질 검사 AI 도입 기업은 직원 10명을 3개월 교육 과정에 참여시키고, 6개월 내 적용 완료 시 추가 지원금을 받는다.

다섯째, 중소기업 맞춤형 AI 튜터링 서비스이다. 예를 들어, AI 전문가를 2주간 중소기업에 상주시켜 원단 결함 검출 시스템 구축 등 맞춤형 로드맵을 수립하도록 지원한다. 이후 6개월간 온라인 컨설팅을 지원해 지속적 역량 강화를 도모한다.

이를 위한 전문 인력은 각 산업 현장에서 수십 년간 노하우를 체득한 중장년 인력을 대상으로 AI 적용을 통한 맞춤형 튜터링 및 컨설팅 교육을 통해 양성할 수 있다.

성장동력 정책 2.
중소기업·소상공인의 AI 스케일업

전체 기업의 99%를 차지하는 중소기업과 소상공인은 한국 경제의 모세혈관이다. 이에 정부는 중소기업과 소상공인을 위한 'AI 바우처 지원 사업'과 '스케일업 팁스'를 추진 중이다. 또한, 산학연 전문가로 구성된 '중소기업 AI 정책자문단'을 발족해 법적·제도적 기반 마련에도 나서고 있다.

하지만 중소기업의 AI 도입률은 5.3%에 불과한데, 이는 기술 부족과 비용 부담이 주된 이유이다. 아울러 도산 위기에 놓인 많은 소상공인에게는 생존이 우선이어서 AI는 현실적으로 먼 나라 이야기이다. 대다수 자영업자들도 AI의 필요성을 체감하지 못하거나, POS 데이터 분석 등 기초적 디지털 활용도 미흡한 수준이다. 이러한 상황을 방치할 경우, 약자 경제주체들의 경쟁력은 더욱 약화되고, 우리 경제의 선순환 회복은 지연될 수 있다.

지난 정부의 정책은 현장의 수요와 거리가 있었다. 예를 들어, AI 바우처는 최대 3억 원이 지원되지만 솔루션 구매에만 집중되어 있고, 교육·인프라·운영 비용은 제외되어 실효성이 낮다는 평가다. 스케일업 팁스는 민간 투자가 가능한 기술력 있는 스타트업 중심으로 설계돼, 전통 제조 중소기업은 배제되고 있다. 또한, 중소기업 임직원이나 자영업자의 AI 운영 역량이 부족해, 도입 기업의 40%가 시스템을 제대로 활용하지 못하는 것으로 나타났다. 이외에도 사업주의 디지털 인식 부족, 비용 부담, 소매·서비스업 중심의 소규모 사업장에 적합한 솔루션의 부재 등 다양한 과제가 남아 있다.

이러한 개선 과제를 해결하면서 중소기업·소상공인의 AI 스케일업을 위한 실행 과제들을 제안하면 다음과 같다.

① AI 바우처 확대 및 지속 가능한 AI 운영 매니저 지원

정부는 'AI 바우처 지원 사업'과 'AI 운영 매니저 파견 사업'을 통해 AI 솔루션 구매비를 보조하고, 전문가를 6개월간 현장에 파견해 기술 적용을 지원하고 있다. 그러나 중소기업의 84%는 초기 비용, 데이터 수집 역량 부족, 운영 미비 등을 문제로 꼽고 있으며, AI 바우처의 70%가 단순 구매에만 쓰여 실질적 성과로 이어지지 못하고 있다. 또한, 운영 매니저가 파견된 기업도 파견 종료 이후 유지보수 체계가 부재해 시스템 운영에 어려움을 겪는 경우가 많다.

이러한 과제를 개선하고 정책 사업이 실질적 성과로 이어지기 위한 실행 방안을 다음과 같이 제안한다.

첫째, 업종별 '통합형 AI 성장 패키지'를 도입한다. 자동차 부품·섬유·식품 등 업종별로 AI 솔루션, IoT 센서, 직원 교육을 통합 지원하며, 정부는 전체 비용의 80%를 지원하거나 구독형 저비용 패키지로 보급한다. 성과 달성 시 추가 인센티브를 제공해 중소기업의 초기 부담을 줄이고 현장 적용과 실질적 개선을 유도한다.

둘째, 조선·반도체·유통 등 각 업종별 AI 매니저 전문가를 양성해 현장에 파견한다. 예를 들어, 조선소에는 용접 결함 검출 AI 전문가를, 반도체 분야에는 수율 예측 모델 역량을 갖춘 전문가를 배치한다. 업종별 자격증을 취득한 매니저에게는 동기를 부여하며, 각 현장에 최적화된 AI 도입과 운영을 지원한다.

셋째, AI 매니저 파견 이후에도 운영을 지원하는 후속 관리 시스템을 도입한다. 디지털 트윈 기반 원격 모니터링 체계를 통해 현장 AI 모델을 실시간 점검하고, 클라우드 플랫폼을 통해 이상 발생 시 즉시 진단·수정이 가능하도록 한다. 유지보수 비용의 50%는 일정 기간 정부가 지원한다. 이를 통해 중소기업은 시스템의 연속성과 안정성을 확보하고 장기적 기술 내재화와 생산성 향상을 이룰 수 있다.

② 중소기업 AI 클라우드 플랫폼 구축

정부는 중소기업의 AI·클라우드 도입을 지원하기 위해 '클라우드 바우처'(최대 8,000만 원)와 '국가 AI 컴퓨팅센터' 구축을 추진 중이다. 총 407억 원의 예산으로 252개 기업에 클라우드 서비스 도입을 지원하고 있으며, 삼성SDS · LG CNS 등 대기업과 협력해 AI 플랫폼도 개발하고 있다. 그러나 중소기업의 클라우드 전환율은 28%, AI 활용률은 5.3%에 불과하며, 데이터 인프라 부족과 맞춤형 솔루션 미비로 현장 적용에 어려움을 겪고 있다.

이는 중소기업이 클라우드를 도입하는 과정에서 초기 구축 비용, 기술적 복잡성, 대기업 중심 생태계, 업종 특화 솔루션 부족, 데이터 활용 제약 등 여러 허들에 직면해 있음을 보여 준다.

이러한 문제를 해결하고 중소기업 AI 클라우드 플랫폼 구축 사업이 성과를 내기 위해 다음과 같은 실행 방안을 제안한다.

첫째, 제조·유통·식품 등 10대 업종별로 AI 모듈, 클라우드 인프라, 교육을 통합한 패키지를 월 구독 형태로 제공한다. 중소기업은 초기 투자 없이 맞춤형 솔루션을 활용할 수 있으며, 1년 이상 사용 시 설비투자 세액공제 등 인센티브도 받을 수 있다.

둘째, 부산·대구·광주 등 각 지역에 소규모 클라우드센터를 설립해, 중소기업이 실시간 데이터 분석과 AI 모델 최적화를 수행할 수 있도록 한다. 지역센터 이용 기업에는 스마트팩토리 구축비의 30%를 추가 지원해 지방의 기술 격차를 완화한다.

셋째, 대기업이 보유한 클라우드 인프라의 일정 부분을 중소기업에 저렴하게 개방하도록 상생형 플랫폼 협약을 체결한다. 참여 대기업에는 법인세 감면 등 인센티브를 제공하고, 중소기업은 첨단 인프라를 낮은 비용으로 활용해 경쟁력을 높일 수 있도록 한다.

③ 손쉬운 AI 도구 개발 및 보급

정부는 소상공인과 중소기업의 AI 도입을 지원하기 위해 'AI 바우처'_{최대 5,000만 원}와 '디지털 뉴딜 생활 밀착형 AI 앱 개발 사업'을 추진하면서 수백억 원을 투입, 여러 AI 솔루션 개발을 지원했다. 그러나 경기도 소상공인 중 17.5% 정도만이 서비스를 이용한 것으로 파악되어 활용이 저조한 상황이다.

활용 저조의 원인으로는 복잡한 사용자 인터페이스, 업종별 맞춤 기능 부족, 미흡한 유지보수 지원 등이 지적된다. 예를 들어, AI 마케팅 도구는 음식점이나 카페에 부적합한 해시태그를 자동 생성하고, 음성 AI 비서는 방음이 되지 않는 소규모 점포에서 인식률이 크게 떨어지는 문제가 지적되었다. 많은 소상공인들이 "우리 업종에 맞는 특화 기능이 없다"고 응답하는 등 맞춤형 기능에 대한 수요가 높다. 또한, AI 바우처만으로는 평균 1,200만 원에 달하는 잔여 비용을 충당하기 어려운 것도 부담 요인이다.

설치 후 오류가 발생해도 수리나 업데이트 지원이 부족해 사용이 중단되는 경우가 많으며, 소상공인의 92%는 AI 관련 체험이나 교육 경험이 없어 기술 이해도 역시 낮은 수준이다.

따라서 단순한 지원을 넘어 실제 현장에서 체감할 수 있는 맞춤형 대책이 필요한 바, 다음과 같은 실행 방안을 제시한다.

첫째, 음식점·소매점·미용실 등 주요 업종별로 누구나 3분 이내에 사용할 수 있는 '초간단 AI 앱'을 개발하고, QR코드 스캔만으로 사용이 가능하도록 한다. 예를 들어, 음식점 운영자는 메뉴 사진만 올려도 AI가 인기 조합과 홍보 문구를 자동 생성해 마케팅을 돕는다.

둘째, 전국을 순회하는 'AI 체험 버스'를 운영해 소상공인이 직접 AI 기능을 체험할 수 있도록 한다. 이 체험 버스는 전통시장과 상점가를 돌며, AI 기반 마케팅, 음성 주문, 재고 예측 등을 시연하고, 체험 후 6개월 무료 이용권을 제공해 도입을 유도한다.

셋째, AI 도구를 월 3만 원 수준의 구독제로 제공하고, 정부가 첫해 이용료의 70%를 지원한다. 3개월 이상 사용하는 이용자에게는 추가 할인 혜택도 제공해 장기 활용 기반을 마련한다.

넷째, 키오스크나 유튜브 숏츠를 활용한 '1분 내외 짧은 영상 교육'을 제공해 누구나 쉽게 AI 도구 사용법을 익히도록 한다. 교육을 이수한 점포에는 'AI 활용 인증 마크'를 부착해 소비자의 신뢰를 얻게 하고 자발적인 학습을 유도한다.

다섯째, 지역별 'AI 유지보수 지원 네트워크'를 구축해 전화, 화상

상담을 통한 실시간 지원을 제공하고, 필요시 무상 방문 점검 서비스를 통해 현장 문제를 신속히 해결할 수 있도록 한다.

[그림 29] 소상공인의 AI 도구 활용 예시

성장동력 정책 3.
AI 스타트업 및 유니콘 육성

우리나라의 스타트업 생태계는 지난 10여 년간 빠르게 성장하며 유니콘 기업이 다수 등장했지만, AI 분야는 글로벌 대비 수와 규모 모두 부족하다. 2025년 현재 한국의 유니콘 수는 16개로, 미국 700여 개, 중국 300여 개과 큰 격차를 보인다. 특히 AI 핵심 기술을 보유한 딥테크 스타트업은 업스테이지, 스켈터랩스 등 일부를 제외하면 아직 미미하며, 주도적 혁신은 실리콘밸리와 중국에서 나오고 있다.

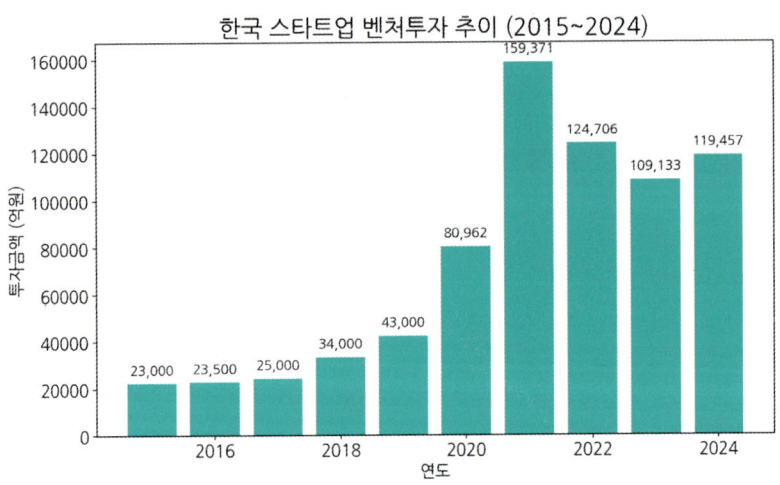

[그림 30] 지난 10년간 한국 스타트업의 벤처투자 추이

AI 스타트업에 대한 벤처투자도 2021년 정점을 지나 다소 위축된 상태다. 2023년 글로벌 기술주 조정기와 금리 인상 등의 여파로 국내

투자 심리도 악화되며, AI 스타트업들이 자금 확보에 어려움을 겪고 있다. 또한, 세계적 인재를 끌어들일 스타트업이 부족해 인재 쏠림 현상도 나타나고 있다. 반면, AI 기술 기반 잠재 유니콘이 꾸준히 등장하고 있으며, 정부의 K-유니콘 프로젝트 등 지원책도 마련되어 있다. 과제는 이들을 글로벌 빅테크와 경쟁 가능한 유니콘으로 육성하는 일이다.

지난 정부는 중소기업의 AI 활용률 50% 달성과 글로벌 AI 유니콘 5개 육성을 목표로 'AI 스타트업 코리아 펀드' 2조 원과 '제조 AI 전문기업 100개 지정'을 추진해 왔다. R&D 자금, 클라우드 인프라, 글로벌 진출 지원 등이 확대되었으나, 국내 AI 유니콘은 아직 0개다. 스타트업의 70%는 초기 자금 부족과 해외시장 진출 장벽을 호소하고, 대기업과의 협업 부재, 인재 부족도 주요 걸림돌로 지적된다. 또한, 업종별 지원의 미흡, 고성능 컴퓨팅 자원 접근 격차, AI 박사급 인력의 40% 해외 유출 등도 해결 과제로 남아 있다.

이러한 개선 과제를 해결하면서 AI 스타트업 및 유니콘 육성을 위한 실행 과제들을 제안하면 다음과 같다.

① **대·중소 오픈 이노베이션 혁신**

지난 정부는 '민관 협력 오픈이노베이션 사업'을 통해 대기업과 스타트업 간 협업을 촉진해 왔다. 2024년에는 363개 스타트업을 선정해 삼성·SK·현대차 등 13개 글로벌 기업과 매칭했으며, 협업 참여 스타트업의 수출 증가율은 95%로 일반 스타트업 39.5%보다 크게 높았다. 그러나 전체 중소기업 중 오픈이노베이션 참여율은 3%에 불과하고, 기술 유출 우려와 불공정 계약 문제도 지속되고 있다.

이는 대기업의 78%가 오픈이노베이션을 전략적 투자로 보지 않고,

스타트업의 65%가 "대기업의 일방적 요구가 많다"고 응답한 결과와 일치한다. 실제로 협업 중 연간 100건 이상의 기술 유출 사례가 발생하며, 협업 종료 후 스타트업의 80%가 사후 지원 없이 독립 운영에 어려움을 겪는다.

AI 스타트업 생태계 강화를 위해서는 실질적 인센티브와 의무 조항을 병행한 정책 설계가 필요한 바, 다음의 실행 방안을 제시한다.

첫째, 대기업은 '업종별 AI 오픈이노베이션 챌린지'에 연매출의 1% 이상을 투자하도록 적극 권장하고, 이행 시 상당한 세제 혜택을 부여한다. 예컨대 삼성전자가 반도체 검사 AI를 스타트업과 공동 개발하고, 상용화 시 매출의 5%를 로열티로 지급하는 구조를 마련할 수 있다. 투자 기업에는 투자액에 대한 세액공제를 대폭 적용해 자발적 참여를 유도한다.

둘째, 협업 종료 후에도 '디지털 트윈 기반 원격 관리 시스템'을 활용해 스타트업의 AI 모델을 지속적으로 모니터링·진단할 수 있도록 한다. LG전자는 클라우드 시스템을 통해 이를 실시간 점검하고, 월 50만 원 수준의 유지보수 비용으로 서비스를 제공하고 있다.

셋째, 협업 수익의 30%를 스타트업에 배당하는 '성과 배당형 계약 모델'을 표준화하고, 표준계약서를 미사용한 기업에는 정부 지원을 제한한다. 예컨대 대기업이 자율주행 AI 기술로 200억 원의 수익을 얻었다면, 60억 원은 협력 스타트업에 분배하는 식이다.

넷째, 협업 종료 후 3년간 GPU·클라우드 자원을 원가 수준으로 제공하는 '협업 유지보수 지원' 제도를 도입한다. 이를 이행하지 않는 기업에는 기존 세제 혜택을 환수한다. 예컨대 통신사가 AI 스타트업에 월 30만 원에 5G 네트워크와 클라우드 인프라를 제공하는 등의 생태계 협력을 제도화할 필요가 있다.

② AI 특화 인재 풀 조성 및 채용 지원

지난 정부는 AI 산업 경쟁력 강화를 위해 'AI 대원 지원 사업'과 '글로벌 AI 인재 유치 프로그램'을 운영해 왔다. 2024년 548억 원을 투입해 1,100명의 고급 인재를 양성했고, 대학생 200명을 스타트업 현장에 배치한 바 있다. 그러나 AI 스타트업의 78%는 여전히 인재 확보에 어려움을 겪고 있으며, 국내 AI 인재의 해외 유출도 늘고 있다.

가장 큰 걸림돌은 임금 격차다. AI 스타트업의 평균 초봉은 4,200만 원으로 대기업의 절반 수준에 불과하며, 이로 인해 박사급 인재 유치 실패율이 65%에 이른다. 해외 인재 유치도 쉽지 않다. 비자 절차의 복잡성과 정착 지원 부족으로 진입 장벽이 높고, 국내 정착을 포기하는 비율이 70%에 달한다. 해외 인재 유치에 대해서는 '인프라 혁신 정책 1. AI 인재 양성 체계 혁신'에서 다룬다.

교육 현장에서도 실무 역량 부족 문제가 지속되고 있다. 이론 중심의 대학원 교육으로 현장 적응력이 떨어지는 인재가 배출되고 있다. 스타트업의 직원은 재교육이 필요한 상황이다. 병역 문제 역시 청년 인재의 진입을 가로막고 있다. AI 진로를 고민하는 이들 중 30%가 병역 특례의 제한으로 인해 스타트업 진출을 망설이고 있으며, 관련 제도의 혜택은 대기업과 일부 연구기관에 편중되어 있다.

이처럼 인재 유치와 유지를 가로막는 구조적 장애를 해결하지 않으면 국내 AI 스타트업 생태계는 성장동력을 확보하기 어렵다. 실질적인 제도 혁신이 시급하다.

이러한 과제 개선을 위해 다음과 같은 실행 정책을 제안한다.

첫째, 'AI 스톡옵션 혁신 패키지'를 도입한다. 예를 들어, 스톡옵션 행사 시 세율을 10%로 고정하고, 부여 한도를 40%까지 확대해 보상의 실효성을 높인다. 이 제도를 도입한 스타트업에는 R&D 자금의 30%를 추가 지원해 인재 유치 경쟁력을 강화한다.

둘째, '산학 현장 맞춤형 교육'을 강화한다. AI 대학원생은 졸업 전 최소 6개월간 스타트업에서 실전 과제를 수행하도록 한다. 참여 학생에게는 등록금의 50%, 스타트업에는 인건비의 70%를 각각 지원한다. 이를 통해 인재와 기업이 함께 성장하는 생태계를 만든다.

셋째, 'AI 병역 특례 제도'를 스타트업까지 확대한다. 스타트업 등에서 국가 전략 AI 프로젝트에 3년 이상 참여하고 특허 또는 기술개발 실적 1건 이상, 동일 스타트업 5년 이상 근무 시, 병역 면제 자격을 부여한다. 이는 청년 인재가 스타트업 취업을 주저하지 않도록 실질적 유인책이 될 수 있다.

넷째, 'AI 인재-스타트업 역량 매칭 플랫폼 AI Jobs Hub'을 구축한다. AI 기반 알고리즘으로 채용 공고와 기술 스택을 분석해 최적 인재를 매칭하고, 연봉 협상 도우미, 스톡옵션 시뮬레이터 등의 부가 기능을 통해 채용 과정의 효율성과 전문성을 높인다.

③ 글로벌 AI 특화 거점 진출 패키지

지난 정부는 '글로벌 AI 허브 구축 사업'을 통해 실리콘밸리, 파리, 싱가포르 등 7개 도시에 K-스타트업 센터를 설치하고, 현지 법률 자문, 투자자 매칭, 테스트베드 등을 지원해 왔다. 연간 수백억 원을 투입해 이 사업을 운영하며, 'AI Korea Expo'를 통해 3~400여 명의 해외 바이어를 초청해 국내 스타트업과의 수출 계약을 중개하고 있다.

그러나 이러한 지원에도 국내 AI 스타트업의 해외 매출 비중은 5%

미만에 그치며, 진출 기업의 70%는 2년 이내 철수하고 있다. 주된 원인은 현지 시장에 대한 이해 부족과 자금 조달의 어려움이다.

해외 거점 설립·운영에 드는 평균 3억 원의 비용과 전문 인력 부족은 스타트업에 큰 부담이 된다. 언어·문화 차이와 법률·특허 대응 미흡 등 현지화 지원의 한계도 현장 적응을 어렵게 하고 있다. 또한 많은 사업이 단기 행사 중심으로 운영되어 장기적 네트워크 구축이나 파트너십으로 이어지지 않고 있다. 특히 'AI Korea Expo'와 같은 행사에서의 바이어 매칭은 형식적이라는 지적이 많으며, 실제 수출 계약 체결 비율은 12%에 불과하다. 기술력 있는 기업이 글로벌 무대에서 자생력을 갖추기 위해서는 정밀한 정책 설계가 필요하다는 얘기이다.

AI 스타트업이 글로벌 시장에서 경쟁력을 확보하려면 단순 진출 지원을 넘어서 정교한 매칭, 현지화 전략, 생태계 연계, 지속적 투자 유치 지원이 통합적으로 설계되어야 한다. 이를 위한 네 가지 실행 전략은 다음과 같다.

첫째, AI 맞춤형 글로벌 진출 플랫폼을 구축한다. 국내 스타트업의 기술 역량과 해외 수요 데이터를 AI로 분석해, 수출 가능성이 높은 바이어를 자동 매칭하고, 계약 가능성이 높은 파트너 연결 시 항공료·통역비를 전액 지원해 실제 진출로 이어지게 한다.

둘째, 가상 AI 허브Virtual Hub와 현지화 지원 특별팀을 운영한다. 메타버스 기반 글로벌 거점에서 스타트업은 원격으로 법률·세무 상담과 제품 데모를 진행하고, AI 통역과 문화·법률 컨설팅을 통해 언어 및 제도 장벽을 해소한다. 이를 통해 물리적 진출 비용을 줄이면서 현지 적응력과 성공률을 높인다.

셋째, 현지 생태계 연계 패키지를 도입한다. 실리콘밸리, 유럽 등 글로벌 거점의 액셀러레이터와 공동 펀드를 조성해 초기 투자 유치와 시장 진출을 지원하고, 성공 기업의 수익 일부를 펀드에 재투자해 후속 기업에 자금과 네트워크를 연결하는 선순환 구조를 만든다.

넷째, 'K-AI 데모데이 365'를 연중 운영한다. 글로벌 투자자와 바이어를 대상으로 상시 온·오프라인 피칭을 진행하고, 투자 유치에 성공한 기업에는 R&D 자금을 추가 연계한다. 성과는 해외 언론 및 플랫폼을 통해 홍보해, 국내 AI 스타트업의 글로벌 인지도와 브랜드 영향력을 확장한다.

성장동력 정책 4.
AI 기반 공공 혁신을 통한 신시장 창출

　AI 기술은 행정, 의료, 교육, 교통, 치안 등 공공·사회 서비스 전반에서 혁신을 촉진할 수 있다. 지난 정부는 공공 부문의 디지털 전환을 가속화하기 위해 'AI 선도형 조달 제도'와 '디지털 뉴딜 프로젝트'를 중심으로 다양한 정책을 추진해 왔다. 2024년 한 해 동안 1,200억 원을 투입해 총 150개의 AI 기반 공공 과제를 발주했으며, LLM 대규모 언어 모델을 기반으로 한 입찰 평가 시스템을 도입해 행정의 효율성과 편의성을 제고하고자 하였다. 이러한 시도는 공공 문제 해결을 넘어 민간과의 협력을 통한 신시장 창출의 기반이 될 수 있다.

　그러나 현재 공공 AI 조달의 성과는 기대에 못 미치고 있다. 전체 사업의 86%가 10억 원 이하의 소규모 과제에 집중되고, 많은 기술이 실증 단계에 머물며 실제 행정 시스템에 적용되지 못하고 있다는 평가이다. 이는 제도적 기반과 확산 구조의 부족에서 비롯된다.

　가장 큰 걸림돌은 규제와 법 제도의 제약이다. 의료법, 개인정보 보호법 등 기존 법령은 기술 활용을 제한하고 있다. 예컨대 의료 AI는 진단 보조에만 허용되고 환자 응대나 판단은 법적으로 금지되어 있다. 이는 기술 발전 속도에 비해 제도 대응이 지나치게 더딘 현실을 보여준다.

　데이터 활용 장벽도 여전하다. 공공 데이터의 70%가 암호화되거나 비표준화되어 있어 AI 학습에 활용하기 어렵고, 특히 고부가가치 데이터는 접근성이 낮다. 단순 개방을 넘어서 산업적 활용이 가능한 데이터 정책으로의 전환이 필요하다.

공공-민간 협업 모델의 부재도 과제다. 교통, 복지 등 다양한 분야에서 플랫폼화 가능성이 있음에도 대부분 일회성 시범 사업에 머물고 있다. 이제는 공공이 기술을 단순 구매하는 단계를 넘어, 민간과 공동으로 신시장을 조성하는 구조로 전환해야 한다.

글로벌 진출 기반도 취약하다. 해외 진출 사례는 전체의 5% 미만이며, 기술 표준화, 현지화 전략, 국제 인증 등 체계적 지원이 부족하다. 국내 조달 중심 구조를 글로벌 연계형 생태계로 확장할 필요가 있다.

정부와 공공이 선도적으로 AI 혁신을 추진하고, 이를 통해 민간의 참여와 산업 생태계 조성을 유도해야 하기 위한 실행 과제를 제안하면 다음과 같다.

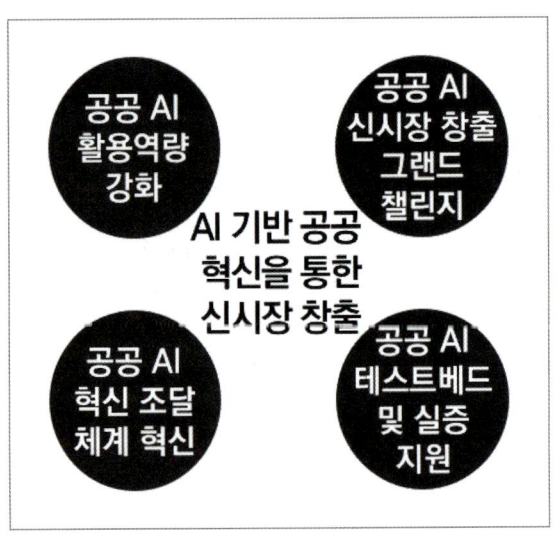

[그림 31] AI 기반 공공 혁신을 통한 신시장 창출 정책

① 공공 AI 신시장 창출 그랜드 챌린지

지난 정부는 공공 부문에 AI 기술을 본격 도입하며, 행정 효율화뿐만 아니라 대규모 사회 문제 해결을 염두에 둔 정책 전환을 추진해 왔다. 그 중심에는 '초거대 AI 공통 기반 구현 사업'이 있으며, 공공기관이 민간에 의존하지 않고도 생성형 AI를 안전하게 활용할 수 있도록 클라우드 기반 통합 플랫폼을 구축하는 것이 핵심이다.

삼성SDS 컨소시엄이 수행하는 이 사업은 총 90억 원 규모로 2025년 6월부터 12월까지 진행되며, 대구 민관협력형 클라우드센터 내 별도 보안 존을 활용해 공공기관 전용 AI 서비스 환경을 마련한다. 이를 통해 행정문서 요약, 질의응답, 정책 분석 등 다양한 분야에 AI 실증이 추진될 예정이다.

하지만 이러한 대형 공공 AI 사업이 실질적 성과로 이어지기 위해서는 사회 문제 해결형 과제 추진, 데이터 연계 및 지속가능한 서비스 모델로 추진, 공공 데이터의 표준화 및 부처 간 연동체계 마련 등 구조적 혁신이 필요하다.

공공의 AI 활용은 단순한 행정 혁신을 넘어 사회 문제 해결과 산업 생태계 확장의 연결 고리로 주목받고 있다. 이에 따라 AI 뉴딜은 '공공 AI 신시장 창출 그랜드 챌린지'라는 이름 아래, 보다 구조적이고 확장 가능한 네 가지 실행 사업을 제안한다.

첫째, 대형 사회 문제 해결형 AI 그랜드 챌린지를 신설한다. 기존의 소규모 실증 중심에서 벗어나, 교통·환경·재난·복지 등 국가적 난제를 해결하는 중장기 프로젝트로 확대한다. 예를 들어 '수도권 교통혼잡 AI 혁신 챌린지', '기후 위기 대응 AI 플랫폼' 등 3년 이상 과제를 공모하고, 과제당 100억 원 이상의 예산을 배정해 실질적 성과를 도출한다.

둘째, 실증-확산-상용화를 연계하는 플랫폼을 구축한다. 챌린지 우수 과제는 공공기관, 지자체, 민간 기업이 함께 참여하는 연계 플랫폼에서 후속 지원을 받는다. 예를 들어, 실증에 성공한 기술은 전국 10개 지자체에 시범 적용되고, 성과 입증 후에는 조달청 혁신 제품으로 등록해 전국 확산까지 지원한다.

셋째, 공공-민간 데이터 연계와 AI 신뢰성 검증 체계를 강화한다. 공공과 민간 데이터를 블록체인 기반으로 연계·표준화하여 AI 학습과 검증에 활용하고, '공공 AI 신뢰성 인증제'를 도입해 기술의 윤리성·성능을 평가한다. 우수 인증 기술에는 인센티브를 제공해 신뢰 기반의 생태계를 조성한다.

넷째, 글로벌 공공 AI 신시장 진출을 촉진한다. 국내에서 검증된 솔루션을 동남아, 중동 등 해외 스마트시티 프로젝트에 연계해 수출할 수 있도록 'K-공공 AI 글로벌 챌린지'를 운영한다. 정부는 현지 실증 비용의 50%를 지원하고, 수출 성공 기업에는 법률·특허·마케팅 컨설팅과 금융 보증을 패키지로 제공한다.

② 공공 AI 테스트베드 및 실증 지원

AI 기술이 공공 서비스 혁신과 사회 문제 해결에 실질적으로 기여하려면, 기술 개발을 넘어 현장 실증과 상용화 연계가 필수적이다. 이를 위해 지난 정부와 지자체는 공공 AI 테스트베드 사업을 통해 기술 검증과 확산을 지원해 왔다.

예를 들어, 판교 테스트베드, '테스트베드 서울', 경기도의 교통·돌봄 분야 중심의 실증 등의 사업은 공공 부문이 수요처로 직접 참여한다는 점에서 정부 주도 공공사업과 연계된 실증 플랫폼이라는 의미를 가진다. 그러나 구조적 한계도 존재한다.

첫째, 과제의 86%가 소규모·단기 과제로, 교통·재난 등 대형 사회 문제 해결과는 거리가 있다.

둘째, 실증 후 상용화로의 연계가 부족해 성공 기술의 70%가 사업화에 이르지 못한다.

셋째, 많은 공공 데이터가 암호화되거나 비표준화되어 AI 학습에 활용이 어렵다.

넷째, 해외 실증 및 수출 연계 인프라가 부족해 글로벌 확산도 제한적이다.

이러한 한계를 개선하기 위해 AI 뉴딜의 일환으로 공공 테스트베드를 국가 전략 인프라로 전환하는 네 가지 실행 과제를 제안한다.

첫째, 사회 문제 해결형 테스트베드 확대이다. 교통, 재난, 의료 등 국가적 난제를 겨냥한 3~5년 장기 프로젝트 중심의 대형 테스트베드를 운영한다. 예를 들어, '수도권 교통 AI 통합 플랫폼'은 300억 원 규모로 5개 지자체, 10개 기업, AI 엔지니어·데이터 과학자 등이 참여해 기획부터 사업화까지 전 과정을 지원한다. 성공 과제는 전국 확산을 의무화하고, 규제 특례를 적용해 실질적 변화를 이끈다.

둘째, 실증-상용화 연계 플랫폼 구축이다. 실증 결과가 조달 및 민간 시장으로 자동 연계되도록 'AI 실증 성과 지도'를 개발한다. 예컨대 AI 기반 쓰레기 분류 기술이 실증되면 전국 지자체 추천 제품으로 등록되고, 초기 수요가 보장된다. 마케팅 비용 30%와 세액 감면도 지원해 확산을 촉진한다.

셋째, 글로벌 테스트베드 네트워크 구축이다. 동남아·중동 등과 협약을 맺고, 한국형 AI 솔루션의 현지 실증과 수출을 연계한다. 예를 들어 두바이에 한국형 교통 AI를 적용할 경우, 현지 법인 설립비 50%

와 수출입은행 보증 200% 확대 등 패키지로 지원해 글로벌 진출의 교두보로 삼는다.

③ 공공 AI 혁신 조달 체계 혁신

지난 정부는 공공 부문에 인공지능 기술을 적극 도입하기 위해 'AI 선도형 조달 제도'와 '디지털 뉴딜 프로젝트' 등을 추진해 왔다. 그러나 공공 AI 조달의 80% 이상은 대기업 중심이며, 중소기업의 실질 참여율은 12%에 불과하다. 이는 제도적 한계와 구조적 편중 때문이다.

첫째, 공공기관은 검증된 솔루션만을 선호해 혁신적 기술의 진입이 어렵다.

둘째, 조달 절차가 복잡하고 진입 요건이 까다로워 중소기업 참여가 제한된다.

셋째, 도입 이후 성능 관리와 유지보수가 미흡해 시스템 활용도와 지속성이 낮다.

이를 개선하기 위해서는 기술 검증 체계 강화, 중소기업 진입 요건 완화, 사후 관리 보완, 기관 유인책 확충이 필요하다.

첫째, 단계적 AI 조달 모델을 도입한다. 소규모 실증(PoC) → 파일럿 → 확산의 3단계 계약 체계를 마련해 중소기업이 점진적으로 성장할 수 있도록 하며, 공공기관은 기술을 사전에 검증하며 리스크를 줄일 수 있다.

둘째, 성과 기반 조달 계약으로 전환한다. AI 솔루션의 실제 효과(예: 생산성 향상)를 계약 조건으로 명시해 결과 중심의 협약을 추진하며, 독립 기관이 성과를 측정해 목표 미달성 시 계약금 일부를 환수한다.

셋째, AI 조달 전용 플랫폼(AI-Gate)을 구축한다. 입찰부터 사후관리까지 원스톱으로 지원하는 플랫폼을 통해 중소기업은 기술 적합성 평가, 맞춤 계약 설계, 성과 모니터링 등 다양한 서비스를 쉽게 이용할 수 있다. 법률·재무 컨설팅, 클라우드 인프라 등 실질적 지원도 함께 제공한다.

넷째, 공공기관의 AI 도입 인센티브를 강화한다. 시스템 도입 및 활용 실적을 기관 평가에 반영하고, 우수 기관에는 예산 추가 지원과 포상을 제공함으로써 현장 적용을 유도한다.

마지막으로, AI 유지보수 공동체를 구성한다. 공공과 민간이 공동 운영하는 유지보수 센터를 통해 도입된 AI 시스템의 오류 해결과 데이터 업데이트를 지속 지원하고, 계약금 일부를 유지보수 기금으로 적립해 안정적 관리 기반을 마련한다. 참여 기업에는 세제 혜택도 부여한다.

④ 공공 AI 활용 역량 강화

지난 정부는 공공 부문 AI 활용 역량 강화를 위해 다양한 정책을 추진해 왔다. 민간 기업과 협력해 공무원 대상 AI 실무 교육을 운영하고, '산업 전문 인력 AI 역량 강화 지원사업'과 '공공 AI 전문 인재 양성 특별 과정'을 통해 교육과 실증 프로젝트를 지원했다.

그럼에도 공공기관의 65%는 AI 전문 인력 부족을 호소하고 있으며, 이미 도입된 시스템의 활용률도 30% 미만에 머물고 있다. 이는 다음과 같은 구조적 원인에서 비롯된다.

첫째, 공공기관의 80%는 AI 전담 조직이 없어 외부 인력에 의존하며, 이로 인해 기술 내재화와 기획 역량이 부족하다.

둘째, 교육과정이 이론·코딩 중심으로 구성되어 행정 실무에 적용하기 어렵고, 현장 수요와 괴리가 크다.

셋째, 생성형 AI 활용 교육이 시행되고 있으나 도메인 지식이 부족한 강사 중심의 기능 위주 교육에 그쳐 실효성이 낮다.

넷째, 민간 전문가 파견은 단기 위탁에 그쳐 성과 공유와 지식 이전이 제한되고 협업이 일회성에 머문다.

공공 부문에 도입된 AI를 효과적으로 활용하려면 인재 역량 강화와 민관 협업 기반의 혁신 생태계 조성이 함께 추진돼야 한다. 이를 위한 네 가지 실행 전략을 제안한다.

첫째, 공공 AI 전문가 양성 아카데미를 설립한다. 'K-공공 AI 아카데미'를 통해 공무원과 공공기관 종사자에게 LLM 기반 민원 자동화, RAG 활용 데이터 분석, 생성형 AI 활용 역량 증진 교육 등 실무 중심 교육을 제공한다. 보안이 보장된 환경에서 실시간 실습을 진행하며, 우수 수료자에게는 해외 연수 기회를 부여해 현장 적용 역량을 높인다.

둘째, 민관 AI 인재 교류 플랫폼을 운영한다. 민간 AI 전문가를 1~2년 단위로 공공기관에 파견하는 'AI 브릿지 프로그램'을 통해 실질 협업을 촉진한다. 예를 들어, 삼성SDS 엔지니어가 보건복지부에서 질환 예측 모델을 개발하고, 파견 기업에는 세액공제, 인력에는 가점 혜택을 제공한다.

셋째, AI 공공 혁신 얼라이언스를 구축한다. 공공기관, 대학, 민간기업, 시민단체가 참여하는 'AI 공공 혁신 네트워크'를 통해 사회 문제 해결형 프로젝트를 공모·지원한다. 서울시-KAIST-네이버 협력 사례처럼 미세먼지 예측 등 공동 기술 개발과 전국 확산을 추진한다.

넷째, AI 활용성과 기반 인센티브 제도를 도입한다. 공공기관의 AI 도입 성과를 기관 평가에 반영하고, 우수 기관에는 예산 증액과 포상을 제공한다. 활용도, 협업 사례 등 정량적 기준을 바탕으로 성과를 평가한다.

　AI 기반 공공혁신은 행정 효율화를 넘어 새로운 시장과 산업을 창출할 수 있다. 공공-민간 데이터 연계, 혁신 조달, 신뢰성 검증 체계, 실증 확대, 인재 양성 등을 체계적으로 추진한다면 국내 AI 기업의 성장과 글로벌 경쟁력 확보가 가능하다.

　이는 세금 낭비를 줄이고 정책 효과성을 높이는 동시에, 의료·교육·복지 등 사회 서비스 품질을 향상시켜 국민 삶의 질 개선에 기여할 것이다. 공공 부문이 AI 혁신을 선도하고 초기 시장을 창출함으로써 포용적 AI 사회 실현과 국가 경쟁력 강화를 동시에 달성할 수 있을 것이다.

성장동력 정책 5.
AI 융·복합 신산업 육성

　AI 기술은 기존 산업의 고도화는 물론, 완전히 새로운 융복합 산업과 시장을 창출할 잠재력을 지니고 있다. 우리나라 역시 AI를 활용한 다양한 신산업 개발이 진행 중이다. 예를 들어 자율주행차는 AI 알고리즘과 센서 기술을 바탕으로 자동차 산업의 패러다임을 변화시키고 있으며, 드론과 UAM도심 항공 모빌리티은 AI 기반 비행 제어와 경로계획 기술로 미래 교통 산업으로 부상하고 있다. 콘텐츠 분야에서는 AI 기반 가상인간, 메타버스, 게임 AI가 새로운 부가가치를 창출하고 있고, 금융 분야에서는 핀테크 AI가 로보어드바이저, AI 신용평가 등 신서비스를 만들어내고 있다. 생명공학에서도 AI 신약 개발과 유전자 편집 기술이 바이오+AI 융합 산업을 이끌고 있다.

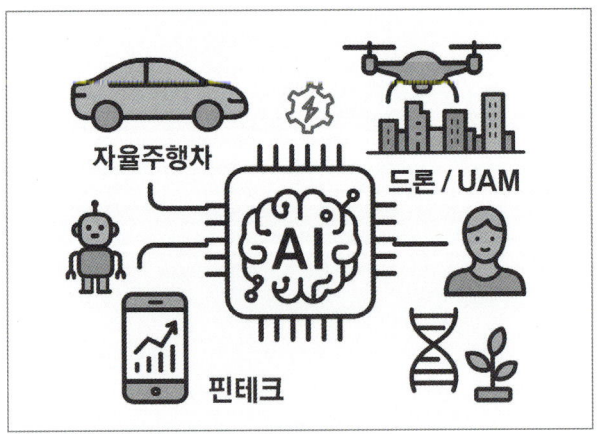

[그림 32] AI 융·복합 주요 신산업

이러한 신산업은 높은 부가가치와 성장성을 지녀 적극 육성해야 할 미래 전략 산업이다. 그러나 글로벌 경쟁이 치열해 미국, 중국 등 선도국과의 격차를 좁히는 것이 더 급하다. 예컨대 자율주행은 미국·중국이, 가상인간 분야는 해외 빅테크가 주도하고 있어 우리나라는 일부 분야에서 선전하고 있지만, 주도권 확보까지는 갈 길이 멀다. 투자 규모의 한계, 중소기업 참여 저조, 전문 인력 부족, 규제 병목, 시장 연계 미흡 등 구조적 과제가 산적하다.

AI 기반 융복합 신산업 육성은 "AI 3대 강국" 실현과 "국민소득 5만 달러" 달성을 위한 핵심 전략이다. 이에 국가 차원의 대형 프로젝트를 전략적으로 추진하고, 이를 통해 국내외 시장을 창출하며 미래 성장동력으로 발전시켜야만 한다.

① AI-X 융·복합 국가전략 프로젝트 및 실증 허브 운영

지난 정부는 'AI 대전환·신산업 정책기금' 8,100억 원과 '산업 AI 확산 10대 과제'를 통해 AI 융복합 신산업 육성을 추진해 왔다.

그러나 사업은 7개 부처로 분산돼 협업이 어렵고, 규제 장벽과 데이터 부족으로 실증-사업화 연계가 미흡하다. 중소기업 참여율은 12%에 불과하고, 조달·수출 연계 부재로 상용화율도 15%에 그친다. 글로벌 경쟁력 확보를 위한 전략적 체계도 부족한 상황이다.

현재의 과제를 해결하면서 AI 융복합 전략 프로젝트를 체계적으로 추진하기 위한 실행 방안을 제안하면 다음과 같다.

첫째, 'AI-X 전략위원회'를 설립해 부처 협업을 총괄하고, 자율주행 상용화, AI 신약 개발 등 10대 핵심 과제를 선정한다. 연간 2조 원 규모 범부처 예산을 투입하고, 민간 TF를 운영해 신속한 의사결정을 지원한다.

둘째, 로봇, 바이오, 탄소중립, UAM 등 5대 분야에 AI-X 실증 허브를 조성하고, 허브 내 규제 특례 지대를 운영한다. 중소기업과 연구기관이 참여해 실증을 수행하고, GPU 자원과 해외 인증 컨설팅도 지원한다.

셋째, 'K-데이터 레이크_{Data Lake, 데이터 댐이 데이터의 대규모 유통·활용을 위한 정책적·산업적 기반이라면, 데이터 레이크는 실제 데이터를 저장·분석하는 기술적 저장소}를 통해 산업별 표준 데이터셋과 합성 툴을 공개하고, 참여 기관에는 조달 가점 등 인센티브를 부여해 데이터 공유 문화를 확산한다.

넷째, 실증 기업의 성과 일부를 재투자하는 AI-X 펀드를 조성해 생태계를 선순환 구조로 전환한다. 펀드는 신규 기술 개발과 스타트업 육성에 활용되며, 참여 기업엔 세제·조달·수출 인센티브가 주어진다.

② AI-X 융합 특구 및 규제 샌드박스 고도화

정부는 '산업 융합 규제 샌드박스'와 '규제 자유 특구'를 통해 AI-X 융합 신산업을 지원하고 있다. 2024년까지 632건의 규제 특례 승인, 경기도 판교의 AI+콘텐츠 및 제조 분야의 테크노밸리 조성, 대덕연구개발특구의 액화수소 드론 실증 등이 그것이다.

그러나 현재 규제 샌드박스는 7개 부처, 8개 영역으로 분산 운영돼 과제 연계와 부처 간 협업이 어렵고, 실증 이후 상용화나 글로벌 진출로 이어지는 연계 체계도 부족하다. 특히 중소기업은 고성능 GPU와 AI 학습 데이터 접근성이 낮아 대기업 대비 기술 경쟁력에서 불리한 위치에 있다.

이에 따라 AI 뉴딜 전략은 규제 개혁, 지역균형, 실증-상용화 연계, 인프라 공동 활용을 아우르는 통합적이고 실행력 있는 혁신 방안을 제안한다.

첫째, 'AI-X 규제 통합센터'를 설립해 7개 부처로 분산된 규제 특례 심사를 일괄처리하고, 30일 내의 신속 승인 체계를 구축한다. 실증 결과를 기반으로 관련 법령 개정 로드맵을 마련하며, 의료 AI는 식약처·복지부 협업을 통해 의료법 유예를 조속히 적용한다.

둘째, 지역별 AI-X 특화 클러스터를 조성한다. 판교AI+콘텐츠, 대전 AI+바이오, 광주AI+에너지, 부산AI+조선, 전주AI+문화 등 주요 거점에 기업, 연구소, 시험 시설을 집적하고 규제 특구 지위를 부여해 자유로운 기술 실증을 가능하게 한다. GPU와 데이터 무상 제공, 임대료 감면 등 실질적 인프라를 지원해 지역 혁신 기반을 강화한다.

셋째, 실증-상용화 연계 지원 패키지를 운영한다. 실증 기술에 대해 조달 연계, 수출 지원, 글로벌 인증을 통합 지원하고, 공공기관 의무 도입과 해외 진출 기업의 R&D 세액공제 등을 통해 사업화를 촉진한다.

넷째, AI 인프라 공동체를 운영한다. 국가 AI 슈퍼컴퓨팅 자원을 중소기업에 저렴하게 공급하고, 클러스터별 전용 네트워크와 데이터 보안 체계를 마련한다. LLM, 디지털 트윈 등 실무 중심 교육도 정기적으로 제공해 현장 인력의 역량을 높인다. 이를 통해 중소기업도 대기업 수준의 AI 자원을 활용할 수 있는 기반을 확보할 수 있다.

③ AI-X 신시장 창출형 수요-공급 연계 및 글로벌 수출 플랫폼

AI 융·복합 산업이 본격화되면서, 기술 개발뿐만 아니라 시장 연계, 글로벌 확산, 산업 간 협업 체계 마련이 중요한 과제로 부상하고 있다. 지난 정부는 이를 해결하기 위해 'AI+X 융합 프로젝트'를 추진했으며, 의료·제조·모빌리티 등 전략 분야에서 수요-공급 연계를 강화하고자 했다.

그러나 여전히 구조적 한계가 존재한다.

첫째, AI 기술과 산업 현장의 수요-공급 연계가 미흡해 상용화율이 15%에 그치고 있다.

둘째, 글로벌 시장 진출도 쉽지 않다. 각국의 규제와 문화에 맞춘 현지화 전략 부족, 인증 체계 미비로 해외 확산에 제약이 크다.

셋째, 중소기업은 고품질 AI 학습 데이터 확보가 어려워 데이터 인프라 격차가 크고, 산업 전반에 활용 가능한 표준화된 데이터셋도 부족하다.

넷째, 대기업 중심의 독자적 기술 개발로 스타트업 협업과 시장 진입이 제한적이다. 이러한 문제를 해결하지 않고서는 AI-X 기술의 확산과 성과 창출이 어렵다.

AI-X 기술이 산업과 행정 현장에서 실질적으로 활용되려면, 기술 공급자와 수요자 간의 정교한 연계 체계, 글로벌 시장 진출 전략, 고품질 데이터 인프라가 함께 구축되어야 한다. 이를 위한 실행 과제는 다음과 같다.

첫째, AI-X 수요-공급 매칭 플랫폼을 고도화한다. 'AI-X 마켓'을 통해 공공기관과 대기업이 현장 문제를 공개하고, 스타트업이 맞춤형 AI 솔루션을 제안하도록 한다. 블록체인 기반 데이터 암호화로 신뢰를 강화하고, 성능 평가 자동화 툴을 제공해 기술 섬증부터 계약까지 효율적으로 연결한다. 예컨대 자동차사가 UAM 항로 최적화를 제시하면, 스타트업이 AI 알고리즘을 기반으로 해법을 제안하고 직접 계약으로 이어지는 구조다.

둘째, 글로벌 AI-X 테스트베드 네트워크를 구축한다. 미국, 독일, 동남아 등 전략 시장에 K-AI-X 허브를 설립하고, 현지 규제와 문화에 적합한 실증 환경을 제공한다. 법률 자문, 인증 비용 70% 지원, 파트너 매칭 등을 패키지로 지원하며, 성공 기술은 국내 조달청 추천 제품으로 등록해 내수시장과도 연계한다.

셋째, 산업별 표준 데이터 레이크를 운영한다. 제조·의료·에너지 등 주요 산업의 AI-X 데이터 레이크를 구축하고, 표준화된 데이터셋과 합성 데이터를 무상 제공한다. 개인정보 보호를 위해 가명화·암호화 기술을 적용하며, 데이터 제공 기업에는 조달 평가 가점과 R&D 세액공제를 부여해 참여를 유도한다. 이를 통해 중소기업은 AI 학습 시간을 대폭 줄이고, 기술 경쟁력을 높일 수 있다.

④ AI 융·복합 인재 양성 및 산업 생태계 조성

지난 정부는 'AI+X 융합혁신대학원'과 '의료 인공지능 특화 인재 양성 사업' 등을 통해 AI 융·복합 인재 양성을 추진해 왔다. 또한, '디지털 인재 양성 종합 방안'을 통해 복수 전공 및 공동 학위 제도를 확대하고, AI 법학, 농업 기술 등 특화 대학원을 지정해 다양한 융합 인재 양성을 병행하고자 했다.

그러나 현재의 인재 양성 체계는 산업 현장 수요와 교육 실효성 간의 괴리를 보이고 있다. 졸업생의 60%가 실무 역량 부족을 호소하고 있으며, 이론 중심의 교육과 데이터·GPU 등 실습 인프라 접근 격차가 주요 원인이다. 산업체 겸임 교원 비율도 낮아 실무 교육이 부족하고, 산학 협력은 단기 중심으로 장기적 협력 체계로 이어지지 않는다. 특히 AI+의료, AI+법률 등 특화 분야에 대한 고도화된 심화 교육이 부족해 융합 전문 인력 양성에 어려움이 지속되고 있다.

AI 융·복합 인재 양성의 실효성을 높이기 위해 다음의 실행 과제를 제안한다.

첫째, 'K-AI Campus'를 구축해 전국 대학의 AI 융합 강의 및 실습 콘텐츠를 통합 공유하고, 산업 현장의 실제 문제를 교육과정에 반영한다. 클라우드 기반 AI 실습 환경을 통해 학생에게 GPU 500시간을 무상 할당하며, 예를 들어 삼성전자 반도체 결함 데이터를 활용한 AI 모델 개발 실습도 가능하게 한다.

둘째, 분야별 특화 대학원을 확대 지정한다. AI+의료, 법률, 농업 등 주요 분야에 석·박사 과정을 운영하고, 1년 이론 교육-1년 현장 실습-1년 프로젝트 수행의 3단계 과정으로 구성한다. 졸업생에게는 전문자격증을 부여하고 취업 연계를 지원한다.

셋째, 산학 공동 AI 팩토리를 구축한다. 대학 내 'AI Innovation Lab'을 설치하고, 기업·연구소와 실증 프로젝트를 공동 수행한다. 예를 들어, 기업이 연 2억 원을 출자하면 정부가 3억 원을 매칭 지원하고, 성과는 공동 IP로 관리된다. KAIST-네이버 협업 사례처럼 의료영상 진단 AI 개발과 상용화를 목표로 한다.

넷째, 'K-AI 글로벌 펠로우십'을 운영해 우수 인재를 실리콘밸리, 베를린 등 해외 AI 허브에 1년간 파견하고, 체류비·교육비를 전액 지원한다. 현지 기업 인턴십 참여를 의무화하고, 귀국 후 최소 3년간 국내 AI 산업에 종사하도록 유도해 글로벌 역량을 국내에 정착시킨다.

이러한 과제를 통해 우리나라는 AI 기반 신산업에서 주도권을 확보하고, 미래 수출 동력과 양질의 일자리를 창출할 수 있다. 특히 인구구조 변화로 정체가 우려되는 산업 지형에 AI 신산업이 새로운 활력과 도전 문화를 제공함으로써 경제의 역동성을 지속적으로 유지할 수 있을 것이다.

성장동력 정책 6.
지역 특화 AI 클러스터 구축

　우리나라는 인구 감소와 수도권 집중으로 인해 지방 소도시와 농산어촌 중심으로 지역 소멸 위기를 겪고 있다. 청년 유출, 고령화, 경제 기반 약화가 복합적으로 발생하면서 많은 지자체는 행정·산업·복지 기능 유지조차 어려운 상황이다. 이를 방치할 경우 국가 균형 발전과 지방의 지속 가능성이 심각하게 위협받게 되므로, 디지털 인프라 확충, 특화 산업 육성, 청년 유인책, 공공 서비스 혁신 등 다각적인 전략이 요구된다. 특히 AI·데이터 기반 지역 혁신 생태계 조성은 핵심 해법으로 주목받고 있다.

　그간 정부는 'AI 혁신 클러스터 조성사업'을 통해 판교, 대구, 광주 등 주요 거점을 중심으로 AI 클러스터 구축을 추진해 왔다.

　그러나 수도권 외 AI 클러스터는 여전히 구조적 한계를 안고 있다. 전체의 70%가 지역 산업 수요를 반영하지 못한 채 유사한 일반형 플랫폼 중심으로 구성되어 차별성과 경쟁력이 낮다. 중소도시의 GPU 자원과 데이터 인프라는 수도권 대비 30% 수준에 불과하며, 산학연 협력도 실질적 성과로 이어지지 못해 상용화율은 15%에 그친다. 해외 진출도 현지화 전략과 연계 부족으로 실패 사례가 반복되고 있다. 지역별 특화 전략, 인프라 격차 해소, 실효성 있는 산학협력, 글로벌 연계 강화 없이는 자립적 성장과 경쟁력 확보가 어렵다.

　AI 기본사회 실현을 위해서는 각 지역의 산업·인구 구조에 맞춘 특화 AI 클러스터를 구축해, 전국 어디서나 AI 혜택을 누릴 수 있는 포용적 혁신 기반을 마련해야 한다.

① 지역 산업 맞춤형 AI 클러스터 전략 수립

그간 정부는 'AI 혁신 클러스터 조성사업'을 통해 지역별 AI 클러스터 구축을 추진해 왔다. 경기도는 판교를 글로벌 AI 허브로 육성하기 위해 1조 원을 투입하고 있으며, 전남 해남군은 세계 최대 규모 AI 데이터센터를 갖춘 슈퍼 클러스터 허브를 조성 중이다. 부산은 항만·물류 특화 AI 융합 서비스를 개발하고, 울산은 SK와 AWS 협력으로 6만 개 GPU 수용이 가능한 AI 데이터센터를 건설하고 있다.

그러나 지역 AI 클러스터는 실효성과 확장성 측면에서 여전히 한계를 보이고 있다. 전체의 70%가 지역 산업 특성을 반영하지 못한 채 일반화된 플랫폼 중심으로 운영되며, 전남은 전력 인프라 부족으로 사업이 지연되고 있다. 지방의 GPU 자원 접근성은 수도권 대비 30% 수준이고, 대학 연구 성과의 산업 연계도 부족해 상용화율은 15% 미만이다. 중소기업 참여율은 낮고, 실증 이후 상용화 및 글로벌 진출을 위한 전략과 체계도 미흡한 상황이다. 전략 부재, 인프라 격차, 현장 연계 부족, 글로벌 확산 한계를 해소하지 않으면 지역 클러스터의 자립 성장은 어렵다.

이를 해결하기 위해 다음과 같은 실행 과제를 제안한다.

첫째, 지역 산업 DNA 기반 클러스터 전략 수립이다. 권역별로 산업 특화 분야를 지정해 AI 융합 전략을 수립하고 집중 지원한다. 예를 들어, 부산·울산은 조선, 전남은 그린에너지, 대구·경북은 제조, 전북은 문화, 강원은 관광, 세종은 모빌리티로 설정하고, 산업계·대학·연구기관이 공동 전략을 마련한다. 각 클러스터는 특화 분야별 실증 허브를 통해 'AI 선박 외판 검사', '재생에너지 예측 AI' 등 현장 문제 해결형 프로젝트를 추진한다.

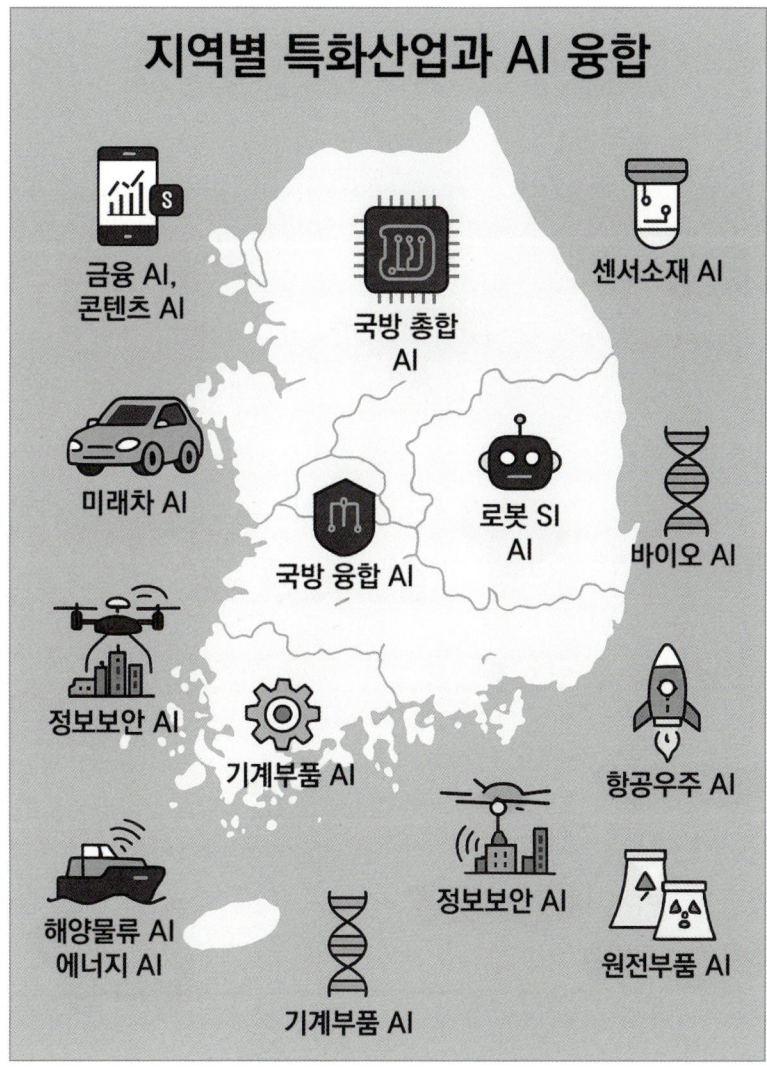

[그림 33] 지역 특화 산업과 AI 클러스터

둘째, 인프라 격차 해소와 맞춤형 지원 체계 구축이다. 지방 클러스터에 AI 슈퍼컴퓨팅 자원과 전력 인프라를 집중 공급하고, 중소기업이 GPU와 데이터셋을 저비용으로 활용할 수 있도록 한다. 또한, 실증 단지와 테스트베드를 마련해 실증부터 상용화까지 전주기 지원을 강화한다.

셋째, 산학연 현장 연계 및 기술 사업화 촉진이다. 대학·기업·연구소가 AI 현장 랩을 공동 운영하고, 산업 현장 중심의 프로젝트를 수행한다. 기업이 제시한 문제에 기반한 기술 개발에 정부와 지자체가 매칭 펀드를 지원하고, 성과 기술은 조달 및 민간 시장으로 자동 연계해 확산을 촉진한다.

넷째, 글로벌 연계 및 현지화 지원 강화이다. 지역 클러스터는 K-AI 글로벌 허브와 연계해 해외 테스트베드 실증을 추진하고, 법률·인증·마케팅을 패키지로 지원받는다. 성공 기술은 국내외 조달청에 등록되어 수출과 내수 확산이 병행되며, 지역 클러스터는 글로벌 경쟁력을 갖춘 혁신 거점으로 성장할 수 있다.

② 분산형 AI 인프라 허브 구축 및 접근성 강화

그간 정부는 '국가 AI 컴퓨팅센터'와 '디지털플랫폼정부DPG 허브' 프로젝트를 통해 AI 인프라 확충을 추진해 왔다.

하지만 AI 인프라는 수도권에 80% 이상 집중돼 지역 간 디지털 격차가 심화되고 있으며, 지방 중소기업의 GPU 접근성은 수도권의 30% 수준에 불과하다. 시간당 10만 원이 넘는 고성능 컴퓨팅 비용은 중소기업에 큰 부담이고, 공공·민간 데이터의 포맷과 API는 상이해 융합 활용이 어렵다.

이러한 지역 간 AI 인프라의 불균형과 고비용 구조를 개선하고 중소기업·스타트업의 접근성을 높이기 위해 다음과 같은 실행 과제를 제안한다.

첫째, 권역별 분산형 AI 허브 구축이다. 수도권, 호남, 영남, 충청, 강원 등 5대 권역에 슈퍼컴퓨팅 센터를 설치하고 지역별 산업 특성에 맞춘 인프라를 운영한다. 예를 들어, 호남은 AI+에너지, 강원은 AI+관광 특화 모델 개발을 지원하며, GPU는 시간당 1만 원 이하로 제공해 중소기업의 활용을 촉진한다.

둘째, AI 인프라 공유 플랫폼 운영이다. 공공·민간의 컴퓨팅 자원, 데이터셋, AI 모델을 통합 제공하는 'K-AI 리소스 마켓'을 구축하고, 블록체인 기반 접근 제어와 종량제 요금제를 적용한다. 이 플랫폼은 DPG 허브Digital Platform Government Hub와 연계돼 공공 데이터와 민간 솔루션의 실시간 융합을 지원한다.

셋째, 민관 협력PPP 기반 투자 모델 도입이다. 민간 60%, 정부 40% 출자 방식으로 AI 인프라 펀드를 조성하고, 참여 기업에는 법인세 감면, 조달 가점, 토지 임대료 감면 등 인센티브를 제공한다. 예를 들어 통신사가 부산에 AI+스마트조선 허브를 구축할 경우 토지 임대료를 큰 폭으로 감면받는다.

넷째, 에지 컴퓨팅 기반 분산 처리 체계 구축이다. 5G·6G 네트워크와 연계해 공장, 병원 등 데이터 발생지에 에지 노드를 설치하고, 중앙 서버 의존도를 낮춘다. 이를 통해 제조 결함 검출, 의료 영상 진단 등 현장 문제 해결의 속도와 효율을 높인다.

③ 지역 산학연 현장 밀착형 R&D 프로젝트 추진

그간 정부는 '산학연 Collabo R&D'와 '지역 문제 해결형 리빙랩'을 통해 현장 중심의 R&D를 지원해 왔다.

그러나 지역 중심 R&D는 여전히 구조적 한계를 지닌다. 전체 과제의 70%가 단기·소규모에 머물고, 협력의 65%가 대학 주도여서 기업 수요 반영이 미흡하다. 현장 애로가 연구로 연결되지 않아 기술 활용도가 낮다. 비수도권은 GPU·데이터 접근성이 수도권의 30% 수준에 불과하다. 또한, 협업 구조가 불명확해 과제의 지속성과 현장 적용력이 낮으며, 리빙랩은 형식적 운영에 머물러 실질적 성과로 이어지지 못하고 있다.

이러한 수요-공급 괴리, 인프라 격차, 협업 미비를 해소하지 않으면 지역 기반 혁신 생태계의 지속가능한 성장은 어렵다.

이를 해결하기 위해 다음과 같은 실행 과제를 제안한다.

첫째, 지역 맞춤형 R&D 플랫폼을 구축한다. 'AI-X 지역 문제 해결 허브'를 설립해 기업·주민의 애로사항을 실시간 수집하고, AI 기술로 이를 해결하는 체계를 마련한다. 블록체인 기반 데이터 공유 시스템으로 보안을 강화하고, 예를 들어 '부산 조선소 드론 검사 자동화'와 같은 구체적 현장 문제를 타깃으로 기술 개발이 이뤄진다.

둘째, 현장 밀착형 인프라 공유제를 도입한다. '지역 AI 리소스 풀'을 통해 GPU, 데이터셋, 테스트베드를 시간당 1만 원 이하로 제공하고, 제조·에너지 분야는 표준 데이터셋과 합성 데이터 도구를 무상으로 지원해 기술 개발 장벽을 낮춘다.

셋째, 산학연 거버넌스를 개편하고 주민 참여형 리빙랩 2.0을 추진한다. '지역 R&D 통합 TF'를 통해 대학·기업·지자체의 역할을 명확히 하고, '지역 문제 해결 해커톤'을 통해 주민이 문제 제기와 해결에 직접 참여하도록 한다. 예를 들어, 전남 신재생에너지 마을의 '태양광 패널 효율 저하' 문제는 AI 예측 기술로 해결하고, 성과는 사업화 자금과 연계된다.

넷째, 글로벌 기술 검증 패키지를 운영한다. 'K-R&D 글로벌 브릿지'를 통해 독일, 동남아 등의 해외 테스트베드에서 실증을 지원하고, 검증된 기술은 조달청 추천 제품으로 등록돼 수출과 내수시장 확대를 동시에 추진한다.

④ 지역 AI 특화 인재 양성과 정착 지원

지난 정부는 'AI+X 융합혁신대학원'과 '지역지능화혁신연구센터' 등을 중심으로 지역 AI 인재 양성을 추진해 왔다.

하지만 지역 인재의 70%가 수도권으로 유출되고, 중소기업의 31%는 AI 인력 부족을 호소하고 있다. 이는 지역 대학의 교육이 산업 수요를 충분히 반영하지 못하고, 졸업생의 현장 적응력이 낮기 때문이다. 주거·복지·창업 여건도 부족해 지역 정착률이 30% 미만이며, 글로벌 경쟁력을 높일 수 있는 실증과 인증 기회도 제한적이다. 따라서 단순한 인재 양성을 넘어 산업 연계, 정주 여건 개선, 글로벌 역량 확대가 병행되어야 한다.

이러한 과제 해결을 위한 정책을 제안하면 다음과 같다.

첫째, 지역 AI 역량 허브를 부산, 대구, 전남 등 5대 권역에 구축해 특화 산업 중심의 실습 교육과 기업 연계 프로젝트를 운영한다. 예컨대 광주에서는 AI 기반 태양광 발전량 예측 모델을 개발해 지역 에너지 기업에 적용함으로써 현장 활용도를 높이고 있다.

둘째, 실무 중심의 교육과정 개편이다. 3년제 체계를 도입해 1년간 이론, 1년간 기업 실습, 1년간 프로젝트를 운영하며, 기업이 교육비의 절반을 부담할 경우 정부가 매칭 지원한다. 성과 우수 기업에는 세액공제 30%를 부여해 채용 유인을 높인다.

셋째, 지역 정착 인센티브 제공이다. 3년 이상 지역 근무자에게 주거비의 50%를 지원하고, 창업 시 최대 1억 원의 자금을 제공한다. 자녀 교육비 및 문화시설 이용 혜택도 함께 부여되며, 중소기업 취업자나 창업자에게 우선 적용된다.

넷째, 글로벌 AI 브릿지 프로그램을 통해 실리콘밸리와 베를린에 글로벌 캠퍼스를 운영한다. 참가자는 해외에서 인턴십과 컨설팅을 경험하고 귀국 후 3년간 지역에서 근무해야 하며, 성공적으로 개발된 기술은 조달청 추천 제품으로 등록되어 지역과 전국 확산의 기반이 된다.

성장동력 정책 7.
AI 기반 녹색산업 혁신

AI 기반 녹색산업 혁신은 탄소중립 실현과 미래 성장동력 창출이라는 두 가지 목표를 동시에 달성할 수 있는 전략적 분야다.

그러나 AI 기술 확산에 따른 에너지 소비 증가, 재생에너지 연계 미흡, 글로벌 표준 대응 부족 등 구조적 한계도 여전하다. AI 연산량 증가로 데이터센터의 전력 수요는 향후 5년간 두 배 이상 늘어날 전망이며, 이는 화석연료 중심의 전력 구조와 맞물려 탄소중립에 부정적 영향을 미친다. 또한, AI 인프라와 재생에너지 간 연계 부족으로 그린전력 활용이 제한되며, 유럽연합의 디지털 제품 여권DPP 등 국제 기준에 부합하는 기술 표준화도 늦어지고 있다. R&D 이후 실증 및 시장 확산으로 이어지는 전주기 지원도 부족해, 우수 기술이 상용화되지 못하는 경우가 많다.

AI 기본사회는 기술을 공공선과 지속 가능성 실현의 수단으로 활용하는 철학을 바탕으로 한다. 특히 이재명 정부의 '에너지 고속도로' 정책은 지역의 녹색산업 육성을 핵심축으로 삼고 있다. 이에 따라 AI 기반 녹색산업 혁신은 지역 에너지 산업 육성과 글로벌 시장 선도라는 목표를 지향하는 AI 뉴딜 전략과 맞닿아 있다.

① AI 기반 재생에너지 초연결 플랫폼 구축

실질적으로 녹색산업 정책을 축소했던 지난 정부의 관련 사업은 대부분 개별 기술 개발이나 지역 단위 실증에 그쳐, 에너지 전 주기를 아우르는 'AI 초연결 플랫폼' 구축에는 미치지 못하고 있다. 에너지 수요 예측, 실시간 제어, ESS 운영, 전력망 안정성 등 다양한 기능을 통합하는 플랫폼은 사실상 공백 상태다. 또한, 정책이 부처별로 분산되고, 산업계 수요는 정책 설계에 반영되지 못하고 있다. 예측 정확도가 낮은 재생에너지 시스템으로 운영 리스크가 증가하고, 중소기업은 고품질 데이터와 연산 자원 접근에 제약을 겪고 있다.

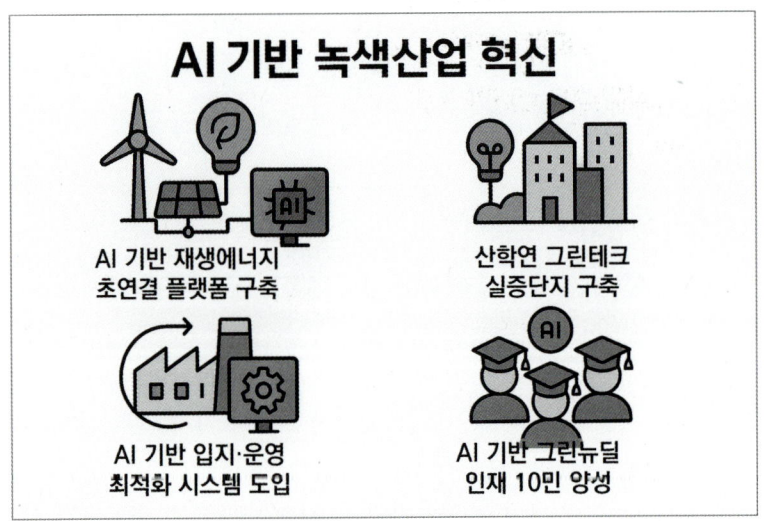

[그림 34] AI 기반 녹색산업 혁신

이에 따라 AI 뉴딜은 다음과 같은 정책 과제를 제안한다.

첫째, 'AI-그리드 허브' 통합 플랫폼 구축이다. 정부가 재생에너지 설비, 스마트미터, ESS, 전기차 충전소 등 데이터를 통합 관리하는 플랫폼을 구축하고, AI 알고리즘으로 실시간 발전량 예측, 부하 조절, 저장 전략 수립, 가격 대응을 통합 수행한다. 산업단지 및 지자체부터 단계적으로 확대 적용한다.

둘째, 산업-데이터 연계형 '그린 AI 샌드박스' 운영이다. 예측 및 운영 알고리즘 개발을 위한 데이터 실증 구역을 지정하고, 기업·스타트업·공기업이 공동 개발 및 검증을 수행한다. 데이터 접근, 테스트, 규제 유예, GPU 자원이 패키지로 지원된다.

셋째, 실증성과의 조달 연계다. 성공 모델은 조달청 등록 및 예산 가점을 통해 공공기관에 도입되며, 민간 전력 플랫폼과도 연계해 상용화를 촉진한다.

넷째, 'K-AI 에너지 최적화 인증제' 도입이다. 고효율 예측·제어 모델에 대해 인증을 부여하고, 인증 기업에 정부 투자 연계, R&D 세액 공제 40% 등 인센티브를 제공한다. 기준에는 예측 정확도, 절감률, 통합 제어 효과 등이 포함된다.

② 산학연 그린테크 실증단지 운영 구축

지난 정부는 여러 과제를 통해 에너지 분야의 산학연 협력을 촉진하고자 했다. 또한, 'AI-X 사업화 촉진센터'를 통해 실증 이후의 사업화를 지원하고자 했다.

그러나 기술 개발 중심, 특히 대기업 주도의 구조는 산업 현장의 녹색기술 수요나 중소기업의 실증 환경과 괴리를 보인다. 실증 기반 정책은 대부분 소규모 R&D에 머물며, 상용화나 조달로의 연계가 미흡하다. 특히 수도권 중심의 인프라로 지역 간 격차가 크고, 산학연 협력도 교육기관 주도의 과제 기획에 머무는 등 구조적 한계가 지속되고 있다.

이러한 문제를 해결하고 산학연 그린테크 실증 단지를 실효성 있게 정착시키기 위해 AI 뉴딜은 다음의 실행 과제를 제안한다.

첫째, 실증-상용화 패키지 플랫폼 운영이다. 기존 녹색기술 실증은 R&D 중심에 머물거나 일회성으로 끝나는 경우가 많아, 실증 → 검증 → 조달 → 수출까지 전 과정을 연계 지원하는 '그린테크 원스톱 플랫폼'이 필요하다. 예를 들어, 부산 조선소의 AI 외판 검사 기술이 이 플랫폼을 통해 CE 인증(Conformité Européenne, 유럽연합(EU) 내에서 제품의 안전, 건강, 환경보호 및 소비자 보호와 관련된 규정) 후 수출로 연결되는 구조다.

둘째, 중소기업 특화 실증 구역 지정이다. 실증 단지 내 30%를 '그린테크 스타트업 존'으로 배정하고, 중소기업이 GPU, 데이터셋, 테스트베드를 우선 활용할 수 있도록 한다. 실증 성공 시 지자체가 최대 5억 원을 지원해 상용화를 유도한다.

셋째, 공공 조달 연동형 실증 인증제 도입이다. 실증 기술은 조달청에 자동 등록되어 공공기관이 우선 도입하도록 하며, 성능을 통과한 기술에 '그린 AI 인증'을 부여한다. 인증 기업에는 예산 가점, 세액공제, 민간 펀드 연계 등의 인센티브를 제공해 공공 확산을 촉진한다.

넷째, 산학연 문제 해결형 그린 AI 프로젝트 공모제다. 기업·대학·연구소가 팀을 구성해 산업 현장 문제를 해결하는 그린 AI 과제를 공모하고, 정부가 이를 예산과 실증으로 연계한다. 과제는 기업이 제안하고 기술 기획은 산학이 협력해 실제 수요 기반 R&D를 추진한다.

다섯째, AI 그린 리소스 허브 운영이다. 중소기업에 GPU, 재생에너지 특화 데이터셋, AI 툴을 저렴하게 제공하는 '그린 AI 리소스 풀'을 구축한다. 시간당 1만 원 이하로 GPU를 제공하고, 500시간 무료 크레딧과 세액공제 20%도 지원한다. 한 태양광 스타트업은 이를 활용해 인버터 효율을 30% 향상시킨 모델을 개발했다.

③ AI 기반 입지·운영 최적화 시스템 도입

지난 정부가 추진해 온 'AI 기반 입지·운영 최적화 시스템'은 아직 개별 산업의 보조 기능에 머물며, 국가 차원의 핵심 정책으로 육성되지 못하고 있다는 평가이다.

민간이 보유한 고도화된 알고리즘도 공공 데이터와 연계되지 못해 활용도가 제한적이며, 대규모 기반 시설의 입지 결정과 운영 효율화도 여전히 전통적 방식에 의존하고 있다. 공공 데이터는 AI 학습에 활용하기 어려운 형태로 수집되고 있고, 민간 기술과의 연계도 부족하다. 또한, 테스트베드나 실증 사례 역시 부족해 기술의 신뢰성과 실효성을 검증하고 확산할 기반이 취약하다.

이러한 과제를 개선하기 위해 AI 뉴딜은 다음과 같은 실행 과제를 제안한다.

첫째, AI-입지·운영 데이터 통합 플랫폼을 구축한다. 산업 입지, 에너지, 교통 등 공간 기반 데이터를 통합해 공공기관과 기업이 AI를 활용한 입지 타당성 분석, 수요 예측, 탄소 영향 분석 등을 수행할 수 있도록 한다. 공공 데이터는 민간 모델과 연계 가능하도록 표준화된 API로 제공하며, 시뮬레이션 도구도 함께 운영한다.

둘째, 'AI 기반 입지 최적화 샌드박스' 도입이다. 스마트시티, 재생에너지 특구, 국가산단 등에서 AI 입지 모델을 실증할 수 있도록 지정 구역을 운영하고, 규제를 유예해 알고리즘을 공동 개발·검증한다. 예를 들어 수소충전소 최적 배치나 에너지 자립 단지 설계 등을 실증한다.

셋째, 실시간 운영 최적화 AI 엔진 개발을 지원한다. 물류 허브, 공장, 발전소 등에서 수요 변화, 에너지 가격 등을 반영한 운영 전략을 도출하는 AI 엔진 개발을 R&D 과제로 추진하고, 기술을 적용한 기업은 조달 등록이나 투자 연계 우선권을 부여한다.

<u>넷째</u>, 지역별 'AI 입지 분석 협의체' 운영이다. 산업 단지나 재생에너지 단지 대상 지역에 산학연, 지자체, 기업이 참여하는 협의체를 구성해 데이터 수집, 예측 모델 적용, 정책 반영까지 공동 수행한다.

<u>다섯째</u>, '그린 AI 운영 최적화 인증제' 도입이다. AI 운영 모델의 에너지 효율성, 입지 효과, 탄소 감축 성과 등을 기준으로 평가·인증하고, 인증 기업에는 R&D 세액공제, 조달 가점, 수출 연계 등 인센티브를 제공해 기술 고도화와 확산을 유도한다.

④ AI 기반 그린뉴딜 인재 10만 양성 프로젝트 추진

지난 정부가 추진해 온 그린뉴딜 인재 양성 정책은 여전히 양적 확대에 머물러 산업 수요와 현장 문제 해결력을 키우는 실질적인 교육으로 이어지지 못했다는 평가가 지배적이다. 기술 변화는 빠르지만 커리큘럼은 정형화된 이론에 치우쳐 있어, 중소기업이나 지방의 산업 현장에서 활용 가능한 융합형 실무 인재 양성에는 한계가 있다. 수도권 중심의 교육 인프라는 지역 격차를 심화시키고 있으며, 지방에서는 강사 부족, 실습 기업 부재 등으로 교육이 형식적으로 운영되는 경우도 많다. 단순히 프로그램을 배치하는 것만으로는 작동하지 않으며, 지역 교육기관과 산업체의 자발적 참여를 유도할 수 있는 실실석 유인책이 필요하다.

이처럼 산업 수요와 분리된 교육, 실행력 부족, 민간 참여의 형식화가 복합적으로 작용하면서, '10만 양성' 목표는 수치 달성에 그칠 우려가 크다. 단순 확산 방식에서 벗어나, 현장 중심 교육과 지역 실행력이 결합된 구조로 전환이 시급하다. 특히 AI와 탄소 중립은 융합 기술과 실전 역량이 요구되는 만큼, 교육 방식과 정책 설계의 전면적 개선이 요구된다.

이를 위해 다음의 세 가지 개선 과제를 제안한다.

첫째, 산업 현장 기반의 '직무 중심 교육 설계'로의 전환이다. 기존 교육은 강의 위주와 짧은 실습에 그쳤다. 이를 '스마트 에너지 유지관리', 'AI 기반 자원 선별', '기후 데이터 분석' 등 구체적인 직무 역량 중심으로 전환해야 한다. 단순 훈련이 아니라, 실질적인 문제 해결 프로젝트와 연계되어야 하며, 교육이 곧 현장 문제를 해결하는 과정이 되어야 한다.

둘째, 지역 교육이 자율적으로 작동하도록 '보상형 유인 구조'가 필요하다. 지방 교육기관은 커리큘럼보다 실행력에서 어려움을 겪는다. 이를 보완하기 위해 기업 맞춤형 과정 개설 시 인센티브를 제공하고, 교육 수료생에게 실습 기회를 제공한 중소기업에는 세제 감면이나 채용 보조금을 부여해야 한다. 이는 교육 실행을 자연스럽게 유도하는 촉진 장치가 될 수 있다.

셋째, '교육 → 실전 적용 → 채용'으로 이어지는 폐쇄형 순환 모델을 지역에 정착시켜야 한다. 교육만으로 끝나지 않고, 지역 기업이 실제 문제를 제시하고 교육기관이 이를 해결하는 프로젝트 기반 학습을 통해 인턴십, 시제품 제작, 취업으로 이어지는 순환 구조가 필요하다. 이는 단순한 인력 양성을 넘어, 지역 기반의 AI-그린뉴딜 인재 생태계를 조성하는 핵심이 될 수 있다.

인프라 혁신 정책 1.
AI 인재 양성 체계 혁신

"AI 인재 없이는 AI 강국도 없다." 이 말은 선언이 아니라 현실이다.

AI가 사회·경제·기술 전반을 변화시키는 지금, 지능화 인재의 양성과 확보는 곧 국가경쟁력의 핵심이다. 지난 정부는 '디지털 인재 100만 양성', 'AI 대학원 육성', 'AI+X 융합 교육', '산업 맞춤형 리스킬링' 등 다양한 정책을 시행했으나, 실제 인재 수급은 제대로 매칭되지 않았고 현장의 체감도는 심각한 수준이다.

우리나라 AI 전문 인력은 전 세계의 0.5% 수준 30개국 중 22위에 머물고, 인재 유출 지표도 최하위권이다. AI 기업과 연구소는 인력난을 호소하고 있고, 대학의 정원과 교수진은 수요를 따라가지 못한다. 특히 석·박사급 고급 인재는 해외로 유출되고 있으며, 중소기업과 지방은 인력 자체를 확보하지 못하는 상황이다.

이에 따라 단순한 교육 확대를 넘어, 교육-산업-국제 경쟁-사회 기초 역량을 포괄하는 다층적이고 선제적인 인재 전략 전환이 시급하다. 국가적으로는 2030년까지 최소 AI 전문 인력 100만 명을 양성하는 것이 요구된다. 이를 위한 정책 과제는 다음과 같다.

① AI 교육과정 전면 확대 및 글로벌 역량 강화

AI 인재의 양적·질적 확대를 위해 가장 시급한 과제는 대학 교육과정의 전면적인 구조 개편이다. 먼저 대학과 정부는 협력하여 AI 전공

자 정원을 10배 이상 대폭 확대해야 한다. 이를 뒷받침할 교수진 부족 문제는 산학 겸임교수 제도 완화, 해외 석학 유치, 산업체 경력자 적극 활용 등 다각적 접근을 통해 해결해야 한다.

동시에 모든 학부생이 AI와 데이터 기초 과목을 졸업 필수 요건으로 이수하도록 제도를 개편한다. AI+X 융합형 마이크로디그리 체계를 본격 도입하여 다양한 전공 분야에서 AI 융합 인재가 배출될 수 있는 기반을 구축해야 한다.

글로벌 경쟁력 강화 차원에서는 MIT, 스탠퍼드, 옥스퍼드 등 세계 유수 대학과의 공동 학위·복수 학위 프로그램을 확대한다. 전 세계 AI 인재들이 참여하는 국제 AI 챌린지 및 올림피아드를 대한민국 주도로 개최하여 글로벌 브랜드 가치를 제고해야 한다. 이와 함께 우수 학생에게는 전액 장학금, 글로벌 인턴십 기회, 국내외 연구소 추천 등 종합적인 인센티브 패키지를 제공하여 대한민국이 'AI 인재의 최적지'로 자리 잡을 수 있도록 전략적으로 지원해야 한다.

② 전략 분야 특화 대학원 및 글로벌 연구 거점화

국가 AI 경쟁력을 좌우할 핵심은 고급 두뇌의 집결이다. 이를 위해 언어, 의료, 로봇, 법률, 국방 등 전략 분야별 AI 특화 대학원을 신설하거나 기존 대학원을 기능적으로 재편하여, 분야별 최고 수준의 전문 인재를 집중 양성한다.

또한, 장기 난제 해결을 위한 국가 AI 연구센터를 조성하고, 이를 중심으로 브레인 리더십 프로그램을 운영하여 다국적 석학과 국내 박사급 인재들이 공동 연구하는 체계를 구축한다. 글로벌 연구 네트워크 강화를 위해서는 박사후 연구자 대상의 글로벌 AI 펠로우십을 확대하고, 파격적인 연봉과 주거·비자 지원, 가족 동반 혜택을 포함한 '프리

미엄 인재 유치 패키지'를 제공해야 한다.

아울러 국제 공동 연구실 설립 및 국가 간 연구 허브 연계를 통해 해외 최고 연구자들이 장기 체류하며 협업할 수 있는 글로벌 R&D 거점을 조성한다. 연구 성과에 따른 특허 수익·기술 이전 이익의 일정 비율을 연구자에게 직접 배분하는 제도를 정비하여 실질적 동기부여도 함께 제공해야 한다.

③ 산학일체형 실전 교육 및 글로벌 인턴십 체계화

AI 교육은 실험실과 교실을 넘어 현장에서 완성되어야 한다. 이를 위해 산학일체형 실전 교육과정을 정규 학위 체계와 연계하여, 대학원생이 연간 150시간 이상의 기업 프로젝트를 수행하고 이를 졸업 필수 요건으로 제도화하는 게 필요하다. 이러한 실전 훈련은 AI 시스템 설계, 데이터 분석, 사용자 인터페이스 구현 등 실제 문제 해결 중심으로 구성하되, 기업의 현업 멘토와 교수진이 공동 평가에 참여하도록 한다.

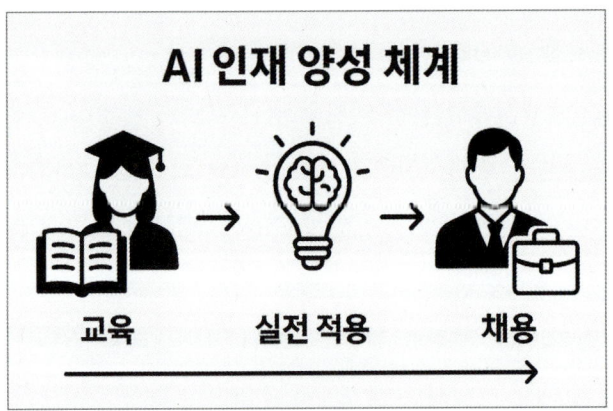

[그림 35] 산학일체형 실전 교육과 취업 연계

해외 실무 역량 강화를 위해서는 실리콘밸리, 싱가포르, 독일 등 글로벌 기업과 연계한 인턴십 프로그램을 연간 1,000명 이상 운영하고,

프로젝트 성과에 따라 학생에게는 학점·인센티브를, 참여 기업에는 세액공제 또는 고용보조금을 제공한다.

이러한 구조는 단기 경험에 그치던 기존 인턴십을 실제 경력으로 인정받는 구조적 훈련 플랫폼으로 발전시켜, 결과적으로 산업 맞춤형 AI 실무 생태계 구축에 핵심적 역할을 하게 된다.

④ 해외 인재 유치 및 역외 인재 귀환 전략 강화

최근 이재명 정부는 4개 과학기술원과 협력하여 AI 융합 분야의 연구를 이끌 이노코어 InnoCORE 연구단을 선정, 연봉 1억 규모의 해외 선진 AI 연구자 400명 채용계획을 발표하였다. 신정부가 들어서자 마자 국가 간 '두뇌 전쟁'에서 뒤지지 않기 위한 특단의 대책으로 환영할 만하다. 여기에 더해 중소기업이나 스타트업이 해외 AI 인재 유치 시, 인건비 보전 등의 지원 정책도 추가되면 산업 차원의 AI인력 보충에 도움이 될 것이다.

특히 우수 인력의 장기적인 유치를 위해 AI 특화 비자 K-AI 비자 제도를 도입하고, 장기 체류 기간 확대, 가족 동반 허용, 국제학교 진학 지원, 영주권 가점 등 종합 지원 패키지를 제공하는 것이 필요하다.

아울러 글로벌 AI 컨퍼런스 현장에 한국 공동관을 설치하여 채용, 연구소 체험, 기업 현장 설명회를 운영하고, 우수 인재에게는 초청 펠로우십 및 장기 연구비 지원을 통해 실제 유치를 도모해야 한다.

또한, 해외 동포 중 AI 석·박사급 인재에게는 연구비, 주택 지원, 가족 비자 등 실질적 귀국 혜택을 제공하고, 국내 대기업·출연연에 외국인 전담 글로벌 랩 global lab을 신설하여 영어 기반의 근무 환경과 프로젝트 운영 시스템을 구축하는 것이 필수적이다.

이러한 전략을 통해 'AI 브레인 허브 코리아'로서의 위상을 확보하고, 국경을 초월한 인재가 몰려드는 AI 생태계를 조성할 수 있다.

⑤ 성과 중심 보상체계 및 테크트랙 제도 도입

AI 인재가 정당한 대우를 받고 커리어를 설계할 수 있도록, 성과 중심의 보상체계와 '기술 전문가 테크트랙' 제도 도입이 반드시 필요하다. 연구 성과 평가를 논문·특허 건수 중심에서 기술 이전 실적, 창업 연계성, 산업 파급력 중심으로 전환하고, 우수성과자에게는 성과급, 연구 휴가, 기술 창업 휴직, 지분 참여 기회 등을 제공해야 한다.

또한, 국가 차원에서 국제 AI 대회 수상자, 산업 혁신 기여자 등에게는 명예와 경제적 혜택을 겸한 'AI 명예직' 또는 '국가 AI 전문가 직급'을 수여하고, 정부 및 대기업에서 AI 인재가 임원급으로 진출할 수 있는 공식적 '테크리더 트랙' 제도를 마련한다. 민간 분야에서는 스톡옵션 세제 완화, 성과급 세율 조정, 지식재산권 공유 시스템 등을 도입하여, 예측 가능한 보상 구조와 커리어 경로를 제공하는 것이 중요하다.

⑥ 전 국민 AI 리터러시 교육과 평생 역량 관리 체계 정착

AI는 전문가만이 아닌 국민 모두가 기본적으로 이해하고 활용해야 하는 디지털 생존 능력이 되고 있다. 이에 따라 전 국민 대상의 AI 기초 리터러시 교육을 필수화하고, 이를 직군·연령별 맞춤형 커리큘럼으로 체계화해야 한다.

예컨대 공무원, 교사, 의료인, 제조 현장 관리자 등 각 직군별로 연간 30시간 이상의 AI 기초·활용 교육을 의무화하고, 이를 국가 디지털 인증제K-AI Cert와 연계하여 민간 취업이나 해외 취업 시 인증 이력을 활용할 수 있게 한다.

디지털 취약계층과 중장년층에게는 주민센터, 고용센터, 평생학습관 등에서 AI 기초 교육을 무상 제공하고, 이를 위한 위탁기관 제도, 교육 바우처 확대, 온라인 강좌 무료 개방 등 공공과 민간이 협력하는 방식을 정착시켜야 한다. 다만 공공의 무료 교육이 교육 시장의 성장·발전을 저해하는 기능으로 작용되어서는 안 된다.

AI 활용 역량 인증자에게는 소득세 감면, 디지털 전환 지원금 등 실질적 혜택을 연계하여, 국민 전체가 디지털 시대의 변화에 적응하고 성장할 수 있는 평생학습 기반을 확립해야 한다.

AI 인재는 산업을 혁신하고, 기술을 진보시키며, 국가를 성장으로 이끄는 핵심 주체다. 지금 AI 뉴딜이 제안한 AI 인재 양성 전략은 향후 10년의 디지털 경쟁력을 좌우할 결정적 선택이 될 것이다. 교육, 산업, 국제 인재 경쟁까지 고려한 다층적이고 유연한 인재 체계 혁신을 통해 대한민국은 진정한 AI 선도국으로 도약할 수 있을 것이다.

인프라 혁신 정책 2.
AI 연구개발 생태계 혁신

그간 정부는 인공지능AI을 국가 미래 성장의 핵심 동력으로 인식하고, 연구개발R&D, 인프라 조성, 제도 정비 등 다양한 정책을 추진해 왔다. 그러나 지난 정부는 R&D에 대한 부정적 인식 등을 근거로 예산을 줄이는 등 미래에 대한 투자를 소홀히 한게 사실이다.

더구나 AI R&D 생태계는 기술성과의 현장 확산력 부족, 인재와 인프라의 불균형, 행정 중심의 구조적 제약 등 다양한 문제를 내포하고 있다. 특히 연구 성과가 기술이전과 사업화로 이어지지 못하거나, 지방의 AI 역량이 수도권 중심에 밀려 활용되지 못하는 등 연결의 실패와 구조적 편중이 AI 생태계의 발전을 가로막고 있다.

또한, R&D 자체도 공급자 중심의 기획, 성과 없는 과제 남발, 행정 위주의 평가 체계 등의 문제를 안고 있다. 이로 인해 AI 기술이 산업 현장과 사회적 수요에 적시 대응하지 못하는 구조가 고착되고 있다. 인프라, 인력, 협력, 사업화, 제도 등 모든 영역에서 기획부터 실증, 평가, 확산까지 연결되는 선순환 생태계 혁신이 요구되는 시점이다.

① 산업 수요 기반 응용 기술 R&D 확대

생성형 AI에 대한 각국과 주요 기업들의 경쟁적인 투자와 연구개발에도 불구하고 우리나라는 국가 재정적, 정치적 상황으로 인해 AI에 대한 투자가 부족하여 주도국 대비 취약한 기술 수준에 머물러 있다.

더구나 산업별 특화 수요에 대응하는 응용 기술 개발도 부진했다. 특히 의료, 법률, 제조, 교육, 행정 등 우리나라가 강한 분야에서 AI를 실질적으로 적용할 수 있는 도메인 특화형 기술, 산업별 응용 모델, API 기반 기술 패키지가 부족하여 현장 적용이 지연되고 있다. 우리가 강한 분야에서의 특화된 AI 응용 모델 개발로 글로벌 시장에서의 신성장 먹거리 창출이 시급한데도 말이다.

[그림 36] AI 연구개발 생태계 혁신

이에 정부는 한국형 생성형 AI 개발과는 별개로 오랫동안 글로벌 경쟁력을 확보해 온 산업군에 적용할 AI 응용 모델, AI 에이전트 등에 대해 산업 수요자가 과제 기획부터 참여하는 '미션형 R&D 구조'를 확립하고, AI 솔루션 중심의 기술 개발 과제를 대폭 확대해야 한다. 범용 기술을 현장형 모듈로 전환하고, 산업부·복지부 등 실사용 부처와 연계한 공동 프로젝트를 통해 실효성을 높여야 한다.

동시에 AI 기술을 API 형태로 패키징하여 중소기업과 비IT 산업군에서도 쉽게 활용할 수 있도록 모듈화 전략을 병행하는 것이 효과적이다.

② AI 공동 연구 인프라 확충 및 개방형 활용 체계 구축

AI 기술은 고성능 컴퓨팅, 대규모 데이터, 알고리즘 등 다층적 자원을 요구한다. 그러나 현재 고성능 컴퓨팅 자원(HPC, GPU 클러스터 등)과 대용량 학습 데이터셋을 안정적으로 사용할 수 있는 연구기관은 일부에 불과하며, 중소기업·지방 연구자·비영리 조직의 접근은 매우 제한적이다.

정부는 국가 AI 슈퍼컴퓨팅 센터 및 GPU 클러스터를 지역 거점 중심으로 분산 배치하고, 이를 클라우드 기반으로 누구나 접근할 수 있는 개방형 AI 연구 인프라로 전환해야 한다. 또한, 공공 R&D 과제에서 생성된 알고리즘·모델·데이터는 공공재로서 공유하도록 유도하고, AI 기술의 민주화와 중소기업 접근성을 높이는 방향으로 'AI 자산 공개 플랫폼'을 구축해야 한다.

③ 기술 이전 및 사업화 촉진 체계 정비

많은 AI 연구 성과가 실험실이나 논문에 머무르고, 기술 이전이나 창업, 사업화로 연결되지 못하는 문제가 지속되고 있다. 이는 TLO(기술이전 전담 조직)의 역량 부족, 기술 가치 평가 모델 미비, 창업 연계 부재 등 복합적인 요인 때문이다.

따라서 정부는 AI 전담 기술 이전 지원기관을 육성하고, AI 특화 기술 가치 평가 체계와 표준 계약 모델을 정비해야 한다. 또한, 공공 기술의 민간 이전을 촉진하는 라이선싱 허브, 창업 연계형 랩투마켓(Lab-to-Market) 프로그램, 멘토링 및 실증 자금 결합형 후속 지원까지 성과-이전-창업을 연결하는 전주기 구조를 확립해야 한다. 특히 기술 이전

후 1~3년 내 사업화 가능성을 반영한 후속 R&D 우대 정책도 병행하면 효과가 클 것이다.

④ 연구 행정 혁신 및 성과 중심 R&D 체계로 전환

AI R&D를 포함한 우리나라 연구개발 사업 전반은 복잡한 행정 절차와 형식적 평가 방식으로 인해 연구자의 몰입을 방해하고 있다. 특히 평가 지표가 논문 수, 특허 건수 등 정량 중심에 머물며, 실제 기술 이전이나 시장성과 등은 등한시되는 경향이 있다.

이에 따라 디지털 R&D 플랫폼을 통해 보고서·서류 통합 관리, 행정절차 간소화, 표준화된 과제 운영 매뉴얼 도입 등이 추진되어야 하며, 성과 평가 체계도 정성적·파급효과 중심으로 개편해야 한다.

나아가 민간 매칭 펀드, 실증연계 예산 확대, 중장기 로드맵 기반 예산 배분 체계를 정립함으로써 성과 중심, 사업화 연계형 R&D 구조로 혁신할 수 있다.

이와 같은 실행 정책 과제는 단기 성과뿐 아니라 장기적 지속 가능성과 혁신 기반 확보를 위한 전략적 접근을 전제로 한다. 특히 응용기술, 지역 확산, 기술 이전, 공동 연구 인프라 확충이라는 네 가지 축은 대한민국의 AI 생태계가 한 단계 도약하기 위한 핵심 동인으로 작용할 것이다.

인프라 혁신 정책 3.
데이터 자원 확보 및 활용 인프라 고도화

AI 시대에서 데이터는 '원유oil'다. AI는 데이터를 기반으로 학습하고 작동하며, 데이터의 질과 양에 따라 성능과 활용도가 결정된다. 결국 데이터를 얼마나 잘 확보하고, 공유하며, 신뢰성 있게 활용하느냐가 국가의 AI 경쟁력과 성장·발전을 결정짓는 핵심요소이다.

그간 정부는 공공 데이터 개방, 빅데이터 플랫폼 구축, 데이터 3법 개정 등 데이터 활용 기반을 지속적으로 강화해 왔다. 특히 'AI 학습용 데이터 구축 사업'을 통해 수백 종의 데이터셋을 생산·공개하고, 가명정보 결합, 데이터 바우처, 마이데이터 제도 등 민간 활용도 촉진해 왔다.

그러나 여전히 산업 현장에서는 데이터 부족과 단절을 호소하고 있다. 의료, 제조, 농업, 교통 등 핵심 산업 분야에서 도메인 특화 데이터의 축적 속도가 수요를 따라가지 못하고 있으며, 기관 간 데이터 사일로 문제도 심각하다. 한국어 기반의 언어 모델 학습 데이터 부족 역시 국산 AI 모델의 정교화에 한계를 주고 있다. 동시에 개인정보 보호 요구는 강화되고 있어, 프라이버시와 활용의 균형을 정교하게 설계한 데이터 거버넌스 체계가 절실하다.

이제는 단순한 데이터 구축을 넘어 통합성, 품질, 법적 신뢰성, 유통성까지 포괄하는 고도화된 데이터 활용 인프라 전략이 필요하다. 이를 위해 다음과 같은 실행 정책을 제안한다.

① 산업 맞춤형 '데이터 댐' 확장 구축

'데이터 댐' 개념을 의료, 스마트시티, 농업 등 전략 산업별로 구체화하여, 고가치 데이터를 체계적으로 수집·가공·비식별 처리한다. 그리고 이를 AI 학습이 가능한 형태로 축적하는 데이터 레이크Data Lake를 조성한다. 병원, 지자체, 기업이 참여하는 컨소시엄을 구성해 데이터 축적과 개방을 동시에 추진하고, 도메인별 수요 기반 정책 설계를 병행해야 한다.

② 데이터 표준화 및 품질 인증 강화

데이터가 있어도 표준이 없고 품질이 낮으면 AI 학습에 활용되기 어렵다. 따라서 산업별 데이터 구조, 메타데이터, 라벨링 방식에 대한 국가 표준을 마련하고, 의료공통 데이터 모델, 제조공정 표준, 금융거래 항목 표준 등 분야의 정합성을 제고한다. AI 학습용 데이터에 대해 품질 검증과 제3자 인증을 도입해, 인증 데이터는 공공 조달과 정부 과제에 우선 활용되도록 연계한다.

③ 프라이버시 보호 기술(PET) 및 데이터 안심 구역 확대

개인정보를 보호하면서도 활용 가능성을 높이기 위해 가명 처리·연합 학습·암호화 연산 등 프라이버시 보호 기술PET을 적극 도입한다. 이를 공공 AI 과제부터 단계적으로 적용하고, 산업계에서도 활용할 수 있도록 관련 기술 R&D와 테스트베드를 지원한다.

민감 정보를 다루는 연구자가 안심하고 데이터에 접근할 수 있도록 데이터 안심 구역Data Safe Zone도 전국 주요 거점에 확충하여, 클린룸 방식의 안전한 분석 환경을 제공한다.

④ 데이터 거래소 활성화 및 민간 마켓플레이스 개방

현재 데이터 거래소는 존재하지만 거래량이 낮고, 참여도도 저조하다. 데이터 거래의 실효성을 높이기 위해 표준계약서, 가격 가이드, 보험 제도 등 신뢰 기반 인프라를 구축하고, 거래소 운영기관에는 수수료 감면, 보조금, 성과 인센티브를 제공한다. 동시에 민간 데이터 중개사와 상품 등록 시스템을 체계화하고, 구매 기업에 세액 공제 등 유인을 제공한다.

⑤ 마이데이터의 전 산업 확장 및 개인 중심 데이터 생태계 구축

금융과 의료 분야에 도입된 마이데이터 MyData 모델을 교육, 유통, 통신, 에너지 등 다른 산업 분야로 확대한다. 개인이 자신의 데이터를 내려받거나 제3자에게 이전할 수 있도록 데이터 이동권 portability 을 법제화하고, API 표준, 인증 체계, 개인정보 통제권 보장 구조를 마련해야 한다.

이 모델은 개인에게 데이터 주권을 돌려주는 동시에, 기업에게는 활용 가능한 고품질 데이터 수집 경로를 제공한다. 개인이 제공한 데이터에 대한 리워드 분배 체계도 병행하면 참여 기반 데이터 경제의 선순환 구조가 가능해진다.

⑥ 범정부 데이터 거버넌스 재정비 및 국제 연계 강화

데이터기본법에 기반한 국가데이터위원회 등 범정부 거버넌스를 강화하여 정책 일관성과 부처 간 조정을 확보한다. 동시에 OECD, G20, DFFT Data Free Flow with Trust, 신뢰 기반 데이터 이동 논의에 적극 참여하고, 국경 간 데이터 활용 협정 및 윤리 기준 정립을 주도한다.

이러한 전략을 통해 데이터의 품질, 유통성, 활용 신뢰성을 확보한다면, 국내 AI 생태계는 자립적이고 경쟁력 있는 기반 위에서 도약할 수 있다. 데이터 주권과 신뢰를 기반으로 '데이터를 잘 쓰는 사회'로 전환할 때, AI 혁신은 지속 가능해질 것이다.

인프라 혁신 정책 4.
AI 컴퓨팅 인프라 확충

　AI 기술의 발전은 더 이상 알고리즘만의 문제가 아니다. 초거대 언어 모델, 생성형 AI, 디지털 트윈, 자율주행 등 핵심 기술은 고성능 연산자원에 기반하며, 컴퓨팅 파워는 AI 생태계의 핵심 인프라이자 국가 경쟁력의 핵심 자산이 되었다.

　우리나라는 세계 최고 수준의 통신망을 갖췄지만, AI 전용 슈퍼컴퓨팅 인프라에서는 후발국에 머무르고 있다. 광주 AI 센터, KISTI 슈퍼컴 등이 있으나, GPT-4급 모델을 학습할 수 있는 수십만 GPU급 연산자원은 부족하며, 스타트업과 많은 연구자들은 GPU 접근조차 어려운 실정이다. 그 결과, 국내 AI 기업과 연구자들이 해외 클라우드에 의존하면서 데이터 주권과 기술 자립성이 위협받고 있다.

[그림 37] AI 시대의 핵심 인프라인 컴퓨팅 파워

미국은 오픈AI, 메타, 구글이 자체 GPU 팜과 민간 클라우드를 결합해 독자 생태계를 구축하고 있으며, 유럽은 EuroHPC 플랫폼을 통해 고성능 연산 인프라를 전략 자산으로 관리하고 있다. 우리도 AI 반도체 국산화를 장기 목표로 삼되, 단기적으로는 GPU 확보 및 배분, 중기적으로는 민관 클라우드 연계, 장기적으로는 슈퍼컴과 미래 연산 기술 확보를 추진해야 한다. 이를 위한 실행 전략은 다음과 같다.

① 국가 AI 슈퍼컴 구축 및 개방형 클라우드 운영

정부가 주도하여 글로벌 상위권 수준의 AI 특화 슈퍼컴퓨터를 구축하고, 이를 클라우드 기반으로 하여 개방형 서비스로 전환한다. 수십만 개의 최신 GPU를 탑재해 EFlops급 이상의 연산 성능을 확보하고, 대규모 모델 학습과 복잡한 AI 실험에 활용할 수 있도록 설계한다. 데이터센터는 전력망, 자연 냉각, 보안 등을 고려해 전략적으로 입지를 선정하며, 시스템 구축과 운영은 KISTI, NIA 등 전문기관이 담당한다.

클라우드화된 슈퍼컴은 산·학·연 누구나 접속해 필요한 시점에 연산자원을 임대해 쓸 수 있으며, 창업 기업과 연구기관에 대해서는 일정 비율을 무료 혹은 저가로 배정하여 접근성을 높인다. 이를 통해 국가 연산력의 공공성과 효율성, 기술 주권의 기반을 동시에 확보할 수 있다.

② 민간 클라우드 협력 및 GPU 리소스 공동 활용

네이버, KT, NHN 등 국내 클라우드 사업자CSP와 전략적 협약을 체결하여 GPU 구축을 정부가 지원하고, 민간이 확보한 자원의 일부를 공공 과제, 대학 연구, 스타트업에 제공한다. 이에 대해 정보는 전기료 감면, 투자 세액공제 등 인센티브를 제공하는 구조다.

외국계 CSP예: AWS, Azure와도 국내 리전Region 확장 협상을 진행하되,

핵심 데이터는 국산 클라우드에 보관하도록 지침을 마련하여 데이터 주권과 안보를 동시에 고려한다. 이 협력 구조는 공공 자원의 한계를 보완하면서 민간 생태계의 투자를 촉진하는 상호 보완적 모델로 작동하게 된다.

③ AI 자원 공유 플랫폼 구축 및 실시간 매칭

국가 단위의 AI 컴퓨팅 자원 배분 플랫폼을 구축하여, GPU가 필요한 수요자_{스타트업, 연구자 등}와 유휴 자원을 보유한 공급자_{대학, 연구소 등}를 실시간으로 매칭할 수 있도록 한다. 이 플랫폼은 자원 제공·사용 기록을 블록체인 기반으로 관리하고, 크레딧 또는 교환 포인트 방식으로 상호 교환 가능한 분산형 클라우드 생태계를 조성한다.

정부는 초기 개발과 운영비를 지원하고, 공공기관은 의무적으로 유휴 자원 등록에 참여하도록 하여 활용률을 극대화한다. 이를 통해 국가 전체 GPU 활용률을 높이고, 연산 자원의 불균형과 비효율 문제를 해소할 수 있다.

④ 친환경 AI 인프라 전환 및 에너지 최적화

AI 데이터센터의 고에너지 소비 구조를 개선하고, 친환경 전환을 유도하는 정책 및 기술적 기반을 마련한다. 에너지 효율 등급세를 도입하여 일정 기준 이상의 설비만 인허가를 부여하고, 폐열 회수·자연 냉방 등 고효율 설비에 보조금을 지급한다.

또한, AI 연산 작업의 전력 부하를 분산시키기 위해 AI 기반 수요반응_{DR} 프로그램을 도입하고, 참여 기관에는 전기료 감면이나 우선 자원 배정 등의 혜택을 제공한다. 재생에너지 기반 전력 사용, 탄소 중립 센터 시범운영 등을 통해 지속 가능한 AI 인프라 생태계를 구현한다.

⑤ 국산 AI 반도체 테스트 및 생태계 확산

국산 AI 가속기 NPU 등의 조기 상용화를 위해 공공 인프라에 우선 도입하고, 실제 현장에서 성능을 검증할 수 있도록 지원한다. 국내 기업이 개발한 칩을 기반으로 컴파일러, 프레임워크 등 소프트웨어 생태계도 함께 조성하며, 개발자 접근성과 활용성을 높인다.

특히 GPU 대비 차별화가 가능한 저전력 AI, 엣지 연산 분야에 우선 적용하고, 공공 조달과 연계하여 기술 자립 기반을 강화한다. 이 과정은 단순한 시범 사업이 아니라, 국산 반도체 중심의 AI 기술 주권 확보를 위한 전략적 투입이어야 한다.

⑥ 미래형 연산 기술 확보를 위한 전략적 투자 확대

양자컴퓨팅, 뉴로모픽 칩, 광컴퓨팅 등 차세대 연산 기술에 대한 선제적 투자를 강화한다. 특히 양자 AI 알고리즘과 전용 하드웨어 개발, 시뮬레이터 및 소프트웨어 생태계 구축을 통해 10년 후의 AI 연산 패권을 대비하는 전략적 기반을 마련한다.

국내 주요 대학과 연구기관을 중심으로 공동 연구센터를 운영하고, 석·박사급 인재 양성 프로그램을 연계해 기술 리더십을 확보한다. 이와 함께 국제 공동 연구 네트워크를 구축하여 글로벌 기술 협력과 동기화된 발전을 추구한다. 이는 장기적으로 AI·컴퓨팅의 융합 주도권을 대한민국이 확보하는 토대가 될 것이다.

AI 컴퓨팅 인프라는 AI 경쟁력의 토대이자 국가 주권의 핵심 요소다. 지금의 투자 결정이 향후 10년의 기술 우위를 좌우할 것이다. 정부는 과감한 전략과 실행을 통해 국가 연산 자본 capital을 확보하고, 이를 기반으로 국내 AI 생태계를 빠르게 확장시켜야 한다.

인프라 혁신 정책 5.
법·제도 및 규제 합리화

19세기 영국의 '레드 플래그 액트Red Flag Act'는 규제가 혁신을 억제했을 때의 결과를 극명하게 보여 준다. 2차 산업혁명 시기 마부와 마차 산업의 반발 속에서 제정된 이 법은 자동차가 도로를 달릴 때 차량 앞에 보행자가 붉은 깃발을 들고 함께 걸으며 경고하도록 의무화했다.

[그림 30] 영국의 레드 플래그 액트(Red Flag Act)

그 결과는 치명적이었다. 자동차의 빠른 확산을 강하게 억제한 이 규제는 기술 발전과 상업화를 심각하게 지연시켰고, 최초로 자동차를 개발한 영국은 20세기 초 자동차 산업을 독일, 프랑스, 미국에 빼앗기는 결과를 초래하였다. 이는 오늘날 AI, 드론, 자율주행차 등 신산업이 기존의 낡은 규제에 발목을 잡히는 현실을 상징적으로 보여 주는 역사적 사례다.

이렇듯 변화가 바쁜 AI 기술과 산업은 전통적인 법·제도 체계와 충돌하거나 사각지대에 놓이는 경우가 많다. 우리는 그동안 네거티브 규제, 규제 샌드박스 등 혁신 친화적 제도를 추진해 왔다. 그러나 여전히 다양한 산업 영역에서 규제 개선 요구가 크다. 예를 들어 자율주행차의 도로 주행은 시행령 개정으로 일부 허용되었지만 상용화엔 추가 입법이 필요하다. 원격 의료나 의료 AI 활용은 의료법 제한으로 폭넓게 실행되지 못한다. AI 기반 보험상품, AI 상담 등도 관련 규제가 모호하여 기업이 확신을 갖기 어렵다. 또한, AI의 법적 지위 예: 창작물의 저작권, AI 의사 결정의 책임 등에 대해 명확한 규범이 없어 향후 분쟁 가능성이 존재한다.

정부는 규제 혁신 추진단 등을 운영하며 기업 건의를 수렴하고 있지만, 부처 칸막이와 이해관계 충돌로 대부분 속도가 더디다. 국제 비교 시, 싱가포르 등은 신기술 관련 원스톱 허가 창구를 운영하거나 선제적 입법을 하는 등 기민하게 움직이고 있다. 우리도 선제적 샌드박스 등 아이디어를 내놓고 있으나 현장에서 체감할 수 있도록 혁신해야 한다. 또한, AI 발전에 의한 변화를 반영하여야 할 법이 갈수록 증가할 것이다. 예컨대 저작권법 개정 텍스트 데이터 마이닝 허용 등은 이뤄졌지만, 민사책임 분야 등은 아직 준비가 미흡한 상태이다.

그런 가운데, '인공지능 발전과 신뢰 기반 조성 등에 관한 기본법' AI 기본법이 2024년 12월 국회 본회의를 통과했다. EU AI법에 이어 세계 두 번째로 제정되어 상당히 앞섰다는 평가가 있다. 산업 육성과 규제 균형을 목표로 하지만, 여러 개선점이 지적된다. 이런 가운데 이재명 대통령은 주요 기업 단체들과의 미팅에서 과감한 규제 개혁을 약속했다.

이상의 개선점을 반영하고 법·제도 및 규제가 AI는 물론 이를 활용하는 전 산업의 발전에 장애가 되지 않도록 하기 위한 정책 과제를 제안하면 다음과 같다.

① 'AI 기본법' 기반의 법·제도 정비 마스터플랜 수립

2024년 제정된 AI 기본법은 세계적으로도 선도적인 입법이다. 그러나 고영향 AI의 정의, 생성형 AI의 표시 기준, 위험 관리 절차 등 핵심 내용이 구체화되지 않아 산업계와 지자체 등 현장에서는 불확실성이 큰 상황이다. 아직 시행령이 마련되지 않은 상태이며, 개인정보 보호, 저작권, 민사책임 등 타 법령과의 충돌도 예상된다.

이에 AI 기본법은 향후 국내 모든 AI 관련 법·제도의 기준이 되는 상위 프레임워크로 작동할 수 있도록 해야 한다. 아울러 시행령을 조속히 마련하고, 'AI 법제도 정비 마스터플랜'을 수립해 타 법률과의 정합성 재정비를 동시에 추진해야 한다. 또한, 산업계·학계·시민사회가 참여하는 'AI 법제도 개선 TF'를 구성하여 시행 이후에도 지속적으로 개정 논의를 이어가며, 각 부처의 하위 법령과의 체계적 연계를 통해 법적 혼선을 최소화해야 한다.

② 기존 규제 정비를 위한 'AI 규제 클리어링하우스' 설치

AI 기술의 확산이 다양한 산업으로 확장되면서, 기존 법령과의 충돌 사례가 증가하고 있다. 보험, 의료, 교육, 교통 등 분야별로 과거 전통 산업에 맞춰 설계된 규제가 AI 도입을 저해하는 장벽으로 작용하고 있다. 예를 들어, 보험상품의 대면 판매 의무나 의료법상 원격의료 제한 등은 AI 기반 서비스 확산을 막고 있다.

이에 산업별로 AI 확산을 저해하는 규제를 발굴하고, 이를 체계적으로 정비하기 위한 'AI 규제 클리어링하우스'를 신설해야 한다. 이 기구는 부처별 법령을 종합 점검하고, AI 관점에서 규정의 해석 변경, 면제 기준 마련, 폐지·완화 등의 정책 조치를 총괄하는 기능을 수행해야 한다.

③ 신유형 AI 리스크 대비 입법 패키지 마련

AI가 생성한 결과물 콘텐츠, 디자인, 코드 등의 법적 권리 귀속이나, 알고리즘의 편향성, 불투명성 문제 등 새로운 법적 쟁점들이 빠르게 등장하고 있다. 그러나 현행 법제는 이러한 사안을 명확히 규율하지 못하며, 특히 저작권, 발명권, 민사책임 등에서 공백이 발생하고 있다.

그러므로 AI 설명 가능성 확보, 편향 제거 의무, 생성물의 권리 귀속, 책임 주체 명확화 등을 포괄하는 신유형 AI 입법 패키지를 준비해야 한다. 특히 고위험 AI에 대한 기준 설정과 함께, 사후 분쟁을 대비한 민사·행정 책임의 구조도 함께 설계되어야 한다.

④ 규제 샌드박스 2.0: 실증 → 제도 개선 자동 연계 모델 도입

현행 규제 샌드박스는 신기술 시험을 위한 유용한 제도이나, 그 실증 결과가 실제 제도 개선으로 이어지는 구조는 미흡하다. 기업이 실증 사업을 완료해도, 법령 개정이나 제도화로 이어지지 못해 현장에서는 체감이 낮다는 평가가 많다.

이를 해결하기 위해 실증 사업에서 입증된 신기술 서비스가 제도 개선으로 자동 연계되는 "성과 연동형 규제 샌드박스 2.0" 체계를 구축해야 한다. 이를 통해 일시적 특례가 아니라 지속 가능한 법·제도 개선으로 연결되도록 하며, 민관 공동 평가 체계를 통해 제도화 결정의 신뢰도도 높여야 한다.

⑤ AI 융합 컨트롤타워 및 부처 협업 거버넌스 정비

AI 기술은 산업 간 경계를 넘나드는 융합형 특성이 강하지만, 국내 법제는 분야별 소관 부처 중심으로 운영되어 조정이 어렵다. 이로 인해 규제 중복, 부처 간 해석 차이, 정책 혼선이 빈번하게 발생한다.

따라서 형식적인 '국가인공지능위원회'를 실질적인 AI 융합 및 부처간 협업 컨트롤타워로서의 역할 재정립이 시급하다. 이에 대해서는 '인프라 혁신 정책 8. 거버넌스 및 협력 인프라 확충'에서 다룬다.

⑥ 사회적 논의 기반의 규제 공론장 제도화

AI 규제는 소비자 권리, 산업 육성, 기술 윤리 등 다양한 이해관계가 얽혀 있다. 그러나 현재는 관련 법안이나 정책이 특정 이해관계자 중심으로 설계되는 경향이 강해, 사회적 수용성과 신뢰 확보에 어려움을 겪고 있다.

따라서 AI 규제 설계와 개선 과정에 시민사회, 산업계, 학계가 참여하는 공론장 제도를 도입해야 한다. 주요 쟁점에 대한 국민 인식 조사, 공청회, 협의체 운영 등을 통해 사회적 합의를 제도화하고, 신뢰 기반의 규제 환경을 조성해야 한다.

인프라 혁신 정책 6.
AI 신뢰성·윤리 기반 구축

AI가 사회 전반에 깊숙이 스며들며 인간과 기계의 경계가 흐려지고 있다. 챗봇, 생성형 모델, 자율형 시스템 등 AI가 정보를 생성하고 판단하며 의사결정에 관여하는 시대가 열리면서, 기술의 성능만큼이나 그 기술을 얼마나 신뢰할 수 있는가에 대한 사회적 요구가 커지고 있다. 이른바 신뢰할 수 있는 AI Trustworthy AI 는 기술 수용성과 지속 가능성의 핵심 기준으로 떠오르고 있다.

정부는 2020년 '사람이 중심이 되는 AI 윤리기준'을 통해 인간 존엄성, 공공선, 기술의 합목적성이라는 3대 원칙과 10대 실천 요건을 제시했고, AI 기본법 2024년 제정 에서도 고위험 AI의 안전, 설명 가능성, 피해 책임 등을 일부 명문화하였다. 금융권은 신용정보법 개정을 통해 알고리즘 설명 의무를 도입하는 등 진전을 보였다.

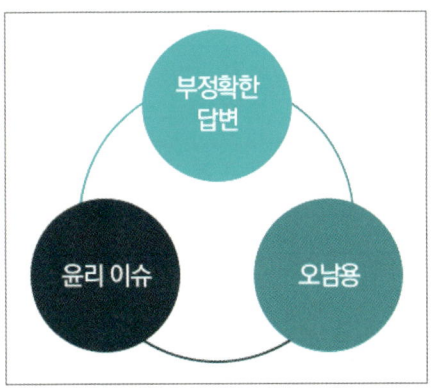

[그림 39] AI의 신뢰성과 윤리 이슈

그러나 산업 현장에서는 여전히 여러 한계가 드러난다.

첫째, 윤리 원칙을 개발과 운영에 실제 반영할 수 있는 가이드와 제도적 도구가 부족하다.

둘째, 윤리 인증이나 신뢰성 평가 제도가 부재해 공공조달, ESG 평가, 해외 진출에서 불이익을 겪는 기업이 늘고 있다.

셋째, AI 편향·오남용에 대한 상시 감시와 대응 체계가 미흡해 사회적 리스크에 선제 대응하기 어렵다.

넷째, 국제 윤리 기준과의 조율 부족으로 향후 글로벌 인증 장벽에 부딪힐 우려도 크다.

이제는 선언을 넘어, 윤리와 신뢰를 기술과 제도에 실질적으로 내재화할 수 있는 실행 체계 구축이 시급하다. 이것이 마련되어야 AI가 산업, 복지, 교육, 행정 등 다양한 분야에서 사람 중심의 기술로 자리매김할 수 있다. AI 신뢰·윤리 기반을 확고히 다지기 위한 주요 정책 과제는 다음과 같다.

① AI 윤리 기본법 제정 및 법적 구속력 강화

AI 기본법에서 AI 윤리에 대해 규정하고 있긴 하나, 선언적 수준에 머물러 있다는 평가이다. 이에 AI 개발·운영 전반에 적용 가능한 포괄적 법률로서 'AI 윤리 기본법'을 제정하거나, 기존 AI 기본법 내에 윤리 조항을 보완하여 실질적 구속력을 확보한다. 이 법에는 AI 안전성 확보 의무, 고위험 AI 사전 인증제, 알고리즘 설명 가능성 확보, 차별 방지 조치, 피해 책임 분담 및 구제 절차 등을 포함하고, 리스크 기반 규제 원칙을 명문화한다.

이를 통해 자율성과 규제의 균형을 확보하면서도, 생명·안전·기본권에 영향을 미치는 분야는 최소한의 공적 책임 체계를 확립한다.

② AI 윤리 인증 및 평가제 도입

산업계의 신뢰성 확보를 위한 자율적 기반으로 'AI 윤리 인증 및 평가제도'를 도입한다. 정부 또는 공인기관이 마련한 지표데이터 편향, 설명 가능성, 개인 영향평가 등를 기반으로, 기업의 AI 시스템에 신뢰할 수 있는 AI 마크Trustworthy AI Mark를 부여한다.

초기에는 민간의 자율적 참여를 장려하되, 공공 조달, 금융, 의료 등 고위험 분야에는 인증 의무화를 단계적으로 도입한다. 기업 내부적으로도 AI 윤리 심의위원회 설치를 유도해 출시 전 자체 점검을 실시하도록 한다.

③ 공공 부문 선도적 윤리 적용 및 AI 윤리 영향평가 의무화

정부 및 공공기관이 사용하는 AI 시스템부터 '윤리 영향평가AI Ethics Impact Assessment'를 의무화하여, AI 챗봇, 행정 모델, 대민 알고리즘 서비스 등에 대해 사전에 편향, 오류, 차별 가능성을 점검받도록 한다. 정부가 윤리적 AI 활용의 모범을 보이는 것이 민간의 실천을 이끄는 유력한 신호가 되며, 정책 신뢰도 및 공공 AI 수용성을 높이는 핵심 요소가 된다.

④ AI 윤리 교육 체계화 및 산업별 맞춤 가이드라인 제공

AI 개발자, 기획자, 의사결정자에 대한 윤리 교육을 필수화하고, 대학과 기업에 맞춤형 윤리 콘텐츠를 제공한다. 모든 AI 관련 학과에 윤리 과목 이수 의무화, 산업 현장 종사자를 위한 온라인 교육과정 개설, 고위험 분야 종사자를 위한 전문 윤리 교육 프로그램을 설계한다.

또한, 의료, 금융, 자율주행 등 분야별로 맞춤형 AI 윤리 가이드라인을 관계부처·산업계·시민사회가 공동 개발하여 배포한다. 이를 통해 현장 중심의 행동 수칙과 사례 중심 대응 매뉴얼을 확산시킨다.

⑤ AI 리스크 모니터링 센터 설립 및 조기 경보 시스템 운영

과기정통부 산하에 'AI 리스크 모니터링 센터(가칭)'를 설립하여, 알고리즘 편향, 딥페이크 악용, AI 저작권 침해 등 신종 윤리·법적 리스크를 상시 감시·분석하고, AI 사고 사례 DB와 정기보고서 발간, 위험 경보 발령 기능 등을 수행한다.

이 센터는 국내외 협력을 통해 해외 윤리 이슈에 대한 정보 수집 및 분석 역량도 강화하며, AI 윤리 리스크에 대한 조기경보 체계로서 작동한다.

⑥ 국제 윤리 표준 조율 및 글로벌 협력 강화

AI 윤리는 글로벌 교역과 신뢰 구축의 핵심 기반이므로 OECD, UNESCO, ISO, EU 등 국제 논의 테이블에 적극 참여하여 대한민국의 윤리 원칙과 실천 경험을 공유하고, 국제 기준 형성에 영향력을 확보해야 한다.

특히 EU AI Act와의 정책 정합성 확보, AI 윤리 표준 ISO/IEC SC42 참여 확대, 미국·EU와의 AI 윤리 실무협의체 구성 등은 필수적인 과제다.

이는 국내 기업이 해외 진출 시 인증 비용과 기술 장벽을 줄이는 기반이 되며, 대한민국이 AI 윤리 분야에서 기술만이 아닌 '규범 리더십'을 확보하는 전략적 선택이 될 수 있다.

AI 윤리와 신뢰성 제고 없이는 AI 기술이 사회에 제대로 뿌리내릴 수 없다. 위의 정책들을 통해 인간 중심의 AI라는 가치가 공론화되고 제도화되면, 국민 신뢰 속에 AI 활용이 더욱 확산될 것이다. 이는 AI

기본사회가 지향하는 "누구도 AI로 인해 탈락하지 않는 사회"의 기반이기도 하다. 궁극적으로 윤리적이고 신뢰받는 AI 강국의 이미지를 구축함으로써 대한민국 AI 제품의 국제 경쟁력에도 긍정적 영향을 줄 것으로 기대된다.

인프라 혁신 정책 7.
AI 분야 투자 및 재정 지원 연계

AI 산업은 기술 고도화와 시장 확대를 위해 막대한 투자 재원이 필요한 분야이다. 이러한 자금은 정부의 공공 재정과 민간의 자본 투자를 모두 포함하며, 양축의 균형 잡힌 투자가 지속 가능한 AI 생태계 조성의 핵심 조건이다. 이에 정부는 디지털 뉴딜, AI 반도체 개발 등 다양한 명목으로 다년간 예산을 투입해 왔다. 그러나 주요 선진국과 비교하면 투자 규모나 정책의 일관성 측면에서 크게 부족하다는 평가가 이어지고 있다.

예를 들어, 미국은 연방 차원의 국가 AI 전략 아래 연 수십억 달러를 투입하고 있으며, 중국은 정책 금융과 지방정부 자금을 동원한 대규모 투자를 지속하고 있다. 반면, 우리나라의 정부 AI 예산은 GDP 대비 낮은 수준에 머무르고, 민간 투자 역시 2022년 기준 세계 6위지만 미국의 1/20 수준에 불과하다.

또한, 2023년 이후 벤처 투자 위축으로 민간 자금 유입이 줄어드는 상황에서, AI 스타트업에게는 중장기 기술 개발을 이어갈 인내 자본 patient capital이 부족해졌다. 정부의 재정 지원은 기술 개발 중심의 단기 과제 위주로 쪼개져 있어, 기업의 성장성과 지속성을 담보하기 어려운 구조이다. 민간 벤처캐피털은 빠른 수익 회수를 요구하는 구조로 인해 본질적으로 장기적인 R&D를 뒷받침하기 어려운 한계가 있다.

이러한 현장 문제점들을 정리하면 다음과 같다.

첫째, 중장기 투자 계획과 목표가 불명확하여 민간이 전략적으로 참여하기 어렵다.

둘째, 정부 지원이 기술 개발에만 집중되어 있어 실증, 상용화, 글로벌 진출 등 후속 단계로 이어지지 못한다.

셋째, AI 스타트업에 대한 투자 회수 시스템이 미비하고, 수도권 중심으로 자금이 편중되어 지역 생태계는 성장 속도가 느리다.

넷째, 성과 관리 및 책임 구조가 미흡해 투자의 효율성과 지속 가능성에 대한 의문이 제기된다.

이상의 개선점을 반영하고 AI 분야에의 투자 및 재정 지원이 AI 및 활용 산업의 발전에 도움이 되도록 하기 위한 정책 과제를 제안하면 다음과 같다.

① AI 전략 투자 마스터플랜 수립 및 특별 회계 도입

AI 산업에 대한 중장기 투자 계획을 마련하기 위해 정부 차원의 'AI 전략 투자 마스터플랜'을 수립한다. 이 계획은 향후 5~10년간 기술 분야별 예산 비중과 투자 목표를 명확히 설정하고, 파급효과가 큰 산업을 중심으로 단계별 재정 지원을 설계하는 것이다.

이를 제도적으로 뒷받침하기 위해 AI 특별 회계의 도입도 함께 추진해야 한다. 특별 회계는 이월이 가능하고, 부처 간 협업 예산 편성이 쉬워져 예산 집행의 안정성과 일관성을 높일 수 있다. 예컨대 GDP의 0.4% 이상을 매년 AI 분야에 투자하는 'AI 강국 도약 10개년 법'과 같은 법제화를 통해 법적 기반을 마련할 수 있다.

② 민관 합동 AI 펀드 및 인내자본(Patient Capital) 운용

정부와 민간이 공동으로 참여하는 AI 특화 펀드를 조성해, 고위험·

고성장 기술 기업에 자금이 원활히 공급될 수 있도록 한다. 이 펀드는 수익성보다는 전략적 성과예: 유니콘 육성, 기술 자립에 초점을 맞춘다. 일부 손실은 정부가 우선 부담하고 수익은 민간이 먼저 취하는 구조를 통해 민간 참여 유인을 높인다.

또한, 글로벌 VC와의 공동 투자, AI 특화 세제 혜택 등을 통해 해외 자본 유입과 민간 출자를 함께 유도한다. 이를 통해 국내외 자본을 아우르는 AI 성장 자본 생태계를 조성할 수 있다.

③ 성과계약형 예산 제도 및 민간 매칭 연계 강화

AI 관련 공공 재정 지출의 효과를 높이기 위해, 성과계약형Outcome-based 예산 제도를 도입한다. 기업이 정부로부터 지원을 받을 때 매출, 고용, 특허 등 성과 목표를 계약서에 명시하고, 성과 달성 여부에 따라 후속 지원을 결정하는 구조다.

또한, 정부 예산을 민간 투자와 연계하는 매칭 방식을 강화해, 정부는 마중물 역할을, 민간은 지속적 투자를 담당하는 구조를 설계한다. 이를 통해 재정 지출의 효율성과 지속 가능성을 동시에 확보할 수 있다.

④ 지역 기반 AI 투자 확대 및 민관 협력(PPP) 모델 확산

AI 투자 생태계가 수도권에 집중되는 문제를 해소하기 위해 지역 AI 클러스터와 연계된 투자 모델을 설계한다. 지자체·민간 기업·정부가 함께 투자와 운영을 분담하는 민관 협력형 PPP 모델을 제도화하여, 지역 단위의 AI 생태계를 자립적으로 육성한다.

예를 들어, 지자체는 부지 및 행정 인프라를 제공함과 동시에 지역 및 공공 시장 창출을 도와주고, 민간은 설비투자, 정부는 운영 예산을 분담하는 방식이다. 지역균형발전특별회계 등 기존 재원을 전략적으로 연계 활용하는 것이 바람직하다.

⑤ IPO 및 M&A 활성화를 위한 제도 개선

AI 스타트업의 자본시장 진입과 투자 회수를 원활하게 하기 위해, 기술 특례 상장 기준을 현실화하고, 상장 이후 기술 개발 지속에 대한 세제 인센티브를 확대한다.

또한, 대기업이 AI 스타트업을 윈윈 방식으로 인수합병(M&A)할 수 있도록 기업 결합 심사기준을 합리화하고, M&A에 세제 혜택 및 금융 지원을 연계하는 제도를 검토한다. 공정위와 금융 당국은 혁신 생태계 유지를 위한 유연한 접근을 하는 것이 필요하다.

⑥ 국회 협력 기반의 입법·예산 지원 구조 정비

AI 정책의 지속성과 정책 연속성 확보를 위해 국회 차원의 협력도 제도화되어야 한다. 여야를 아우르는 'AI 발전 특별위원회'를 설치해, AI 관련 예산과 법안 심의의 전문성과 안정성을 높인다.

AI를 국가 전략 과제로 국정 과제와 연계하여, 특정 정권과는 무관하게 중장기 정책이 추진될 수 있도록 설계하고, 국회 주관의 AI 포럼 및 국민 설명회를 통해 사회적 공감대 형성도 병행한다.

인프라 혁신 정책 8.
거버넌스 및 협력 인프라 확충

　AI는 이제 산업의 혁신을 이끄는 핵심 기술이고, 국가의 디지털 주권과 경쟁력을 결정짓는 전략 자산이기도 하다. 그래서 AI 기술을 개발하고 투자하는 일 이상으로 중요한 게 있다. 바로 AI 정책을 안정적이고 일관되게 추진할 수 있는 추진 체계, 즉 거버넌스를 갖추는 일이다. 여기에 더해 민간, 지자체, 해외와의 협력 네트워크도 함께 구축되어야 정부의 정책이 보다 실효적으로 추진될 수 있다.

　그간 우리나라의 AI 정책은 과학기술정보통신부가 중심이 되어 움직이고 있다. 2019년엔 '국가 AI 전략'을 수립했고, 2024년엔 대통령 직속의 국가인공지능위원회도 설치했다. 하지만 이 위원회는 아직 법적 권한이나 실행력 면에서 한계가 있고, 실질적으로는 자문기구에 머물러 있다는 평가가 많다. 부처 간 협업을 이끌거나, 예산과 법령을 연계해서 정책을 조정하는 기능은 부족한 편이다.

　해외를 보면, 미국은 백악관 산하에 AI 국가안보위원회를 두고 전략적 정책 조율을 하고 있고, 영국은 국제 AI 안전 정상회의를 주도하면서 글로벌 리더십을 강화하고 있다. 주요국들이 AI를 최고위 정책으로 다루는 것과 비교하면, 우리의 거버넌스는 상징성과 지속성 모두 부족한 셈이다.

　민관 협력 구조도 아쉽다. 대한상공회의소 같은 곳에서 정책 포럼이 열리기도 하지만, 정례화된 협력 구조나 제도화된 플랫폼은 거의 없다. 산업계, 학계, 지자체, 시민사회가 함께 모여서 기획하고 소통하는 구조가 부족한 상황이다. 지역에서도 광주 AI 센터, 대전 연구단지, 판교 스타트업 허브 같은 거점은 있지만, 전국 단위 협력망이나 기능 간 연계는 약하다.

국제 협력도 마찬가지다. 일부 MIT, EU와 기술 협력은 하고 있지만, 대한민국이 주도하는 다자 협력 틀이나 국제 연구 거점, 인재 교류 체계는 아직 체계적으로 구축되지 않았다. 정책의 성과를 점검하고 피드백하는 시스템도 미흡해서, 지금의 거버넌스는 실질적인 전략 기능보다는 협의체에 가까운 수준이다.

이런 문제들을 개선하지 않으면, AI 강국으로 가는 길에서 뒤처질 수밖에 없다. 다행히 이재명 정부는 AI수석비서관을 신설, 정부의 AI 정책 추진 체계의 기반을 갖추게 되었다. 여기에 더해 정책을 설계하고 실행할 수 있는 강력한 추진체계를 만들고, 민간과 지역, 국제 협력을 모두 아우르는 협력 인프라를 갖추는 것이 필요하다. 그렇게 해야 대한민국이 진짜 AI 3대 강국으로 도약할 수 있을 것이다.

① '국가인공지능혁신위원회' 격상 및 법제화

현존하는 국가인공지능위원회는 이름만 위원회일 뿐, 법적 권한도 약하고 실질적 힘도 없다. 그래서 이 위원회를 대통령 직속의 '상설 국가인공지능혁신위원회'로 격상시키고, AI 기본법을 통해 법적 지위와 권한을 명문화한다. 위원장은 대통령과 민간 전문가가 공동으로 맡고, 관계부처 장관, 산학연 대표가 함께 참여해 국가 전략, 정책 조정, 예산, 법안까지 총괄하는 컨트롤타워 역할을 하게 된다. 대통령이 주재하는 회의도 가능하고, 산업계와 국민에게 직접 전략을 설명하는 자리를 통해 실행력을 확보하게 된다.

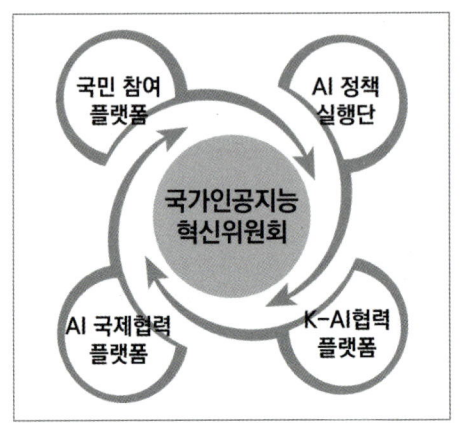

[그림 40] AI 뉴딜의 컨트롤타워로서 국가인공지능위원회

② 민관 'AI 정책 실행단' 및 분과별 상설 협력 체계 도입

AI 정책은 실험실에서만 만드는 게 아니다. 현장에서 겪는 문제가 반영되어야 현실성이 생긴다. 이를 위해 산업계, 학계, 시민사회, 지자체가 함께 참여하는 'AI 정책 실행단'을 만든다. 이 실행단은 데이터, 인재, 규제, 헬스케어 등 분야별로 나뉘어 운영되며, 기업 CEO부터 교수, 변호사, 시민단체까지 다양한 인물이 함께 정책을 만들고 개선하는 데 기여하게 된다. 이것이 정책 설계와 피드백을 동시에 할 수 있는 실질적 협력 플랫폼이 되는 것이다.

③ 전국을 잇는 'K-AI 협력망 플랫폼' 구축

지금도 지역에는 광주 AI 센터, 대덕 연구소, 판교 스타트업 허브 같은 훌륭한 인프라들이 흩어져 있다. 하지만 이들은 서로 연결돼 있지 않다. 그래서 전국을 하나의 협력망으로 엮는 'K-AI 협력망 플랫폼'을 만들 필요가 있다. 이를 통해 데이터센터, 연구기관, 실증시설 같은 자원을 공유하고, 공동 프로젝트도 추진할 수 있다. 동시에 분야별 산학연 클러스터를 조직해 의료, 교육, 제조, 농업 등 각 산업 현장에서 AI 기술을 실증할 수 있게 해야 한다.

④ 대한민국 주도의 AI 국제 협력 플랫폼 설계

AI는 국경을 넘는 기술이다. 대한민국이 AI 선도국으로 자리 잡으려면 국제 협력도 주도적으로 나가야 한다. 이를 위해 아시아 주요 국가들과 함께하는 'AI 국제협의체'를 만들어, 윤리 기준, 기술 표준, 공동 펀드 등을 함께 논의할 수 있는 틀을 만든다. 동시에 MIT, ETH 같은 세계적 연구기관의 분원을 우리나라에 유치하고, 우리 학생들은 해외에, 해외 인재는 우리나라에 올 수 있는 글로벌 인재 순환 시스템도 만들어야 한다.

⑤ 정책 모니터링 및 국민 참여 플랫폼 운영

AI 정책이 잘되고 있는지 확인하고, 국민도 그 과정을 알 수 있어야 한다. 이를 위해 정책 성과를 정기적으로 평가하고, 그 결과를 대시보드 형태로 시각화해 공개한다. 예산이 제대로 쓰였는지, 성과는 나왔는지 등을 누구나 볼 수 있게 하는 것이다. 성과가 미흡한 사업은 원인을 분석하고 개선안을 제시한다. 여기에 더해 국민의 정책 제안을 언제든 받을 수 있는 플랫폼도 운영해서, 정책에 대한 신뢰와 참여를 동시에 높인다.

이처럼 추진 체계와 협력 구조를 함께 바꾸면 '대한민국 AI 원팀'이 현실이 될 수 있다. 부처 간, 민관 간, 중앙과 지역, 대한민국과 세계의 경계를 허물고 집단지성을 모을 수 있는 시스템이 된다. 이것이 바로 대한민국이 진짜 AI 3대 강국으로 도약할 수 있는 추진력이자, 정책을 지속 가능하게 만드는 핵심 전략이다.

인프라 혁신 정책 9.
AI 보안·사이버 방어 체계 구축

　AI 기술은 어느새 우리 일상과 산업 전반에 깊숙이 들어왔다. 자율주행차, 스마트그리드, 의료 진단 시스템, 생성형 AI 등은 단순한 기술이 아니라, 이제는 국가 기반 시설과 국민의 안전, 산업의 생존을 좌우하는 핵심이 되었다. 그런데 이 기술이 고도화될수록, 그만큼 위협도 정교해지고 있다. AI를 겨냥한 공격은 점점 더 복잡해지고 있고, 동시에 AI 자체가 공격의 도구로 쓰이는 일도 많아지고 있다. AI 보안은 단지 기술적 옵션이 아니다. 그것은 곧 산업 경쟁력이며, 사회적 안전장치이다.

　2024년 12월에 통과된 'AI 기본법'은 고위험 AI와 생성형 AI에 대해 보안 설계 의무를 명시하면서 제도적 기반을 마련했다. 하지만 문제는 시행령이다. 현장에서는 아직 어떤 기술이 '고위험 AI'에 해당하는지 명확하지 않고, 의료와 금융처럼 특성이 완전히 다른 분야에 동일한 기준을 적용하려는 시도가 오히려 산업계의 혼란과 반발을 불러일으키고 있다.

　생성형 AI의 확산은 새로운 유형의 보안 위협을 만들어 냈다. 예를 들어, 최근 주목받고 있는 '프롬프트 인젝션' 공격 사용자의 입력에 악성 명령을 삽입해 AI 모델이 원래 지시를 무시하고 공격자가 원하는 대로 작동하도록 하는 사이버 공격은 1년 새 수백% 넘게 증가했고, 그중 많은 수는 실제 국내 중요 시스템을 겨냥했다는 통계도 있다. 그런데도 국내 보안 관제 시스템은 여전히 과거의 방식인 '시그니처 기반 탐지'에 머물러 있다. 이로 인해 AI가 만들어낸 새로운 악성 코드나 변종 공격을 실시간으로 막기 어려운 한계가 드러나고 있다.

이처럼 위험이 커지고 있지만, AI 보안에 특화된 인력은 턱없이 부족하다. 2025년 현재 AI 보안 대응 체계가 완비된 기업은 전체의 3% 수준에 불과하다. 스타트업들은 독자적인 보안 알고리즘을 개발하고 있지만, 정부의 기술 검증 체계가 부족하고 조달 연계도 미비해 시장 진입과 글로벌 확장이 쉽지 않다.

앞으로는 보안을 기술 위에 얹는 방식이 아니라, AI 기술 설계 그 자체에 보안이 내재화되어야 한다. AI가 AI를 방어하고, 산업 시스템에 보안이 기본적으로 녹아드는 구조가 필요하다. 이는 기술적 전환일 뿐 아니라 제도적, 거버넌스적, 그리고 인재 양성 측면에서도 동시에 추진되어야 하는 혁신 과제다.

이제는 '보안이 있으면 좋다'가 아니라, '보안이 없으면 작동하지 않는 시대'다. AI를 신뢰할 수 있도록 만들고, 국민이 안심하고 기술을 활용할 수 있게 하려면, 국가 차원의 보안·사이버 방어 체계 구축이 더 이상 미룰 수 없는 과제가 되었다.

① 산업별 맞춤형 AI 보안 프레임워크 표준화

AI 보안을 효과적으로 설계하기 위해서는 모든 산업에 하나의 기준을 적용하기보다는 산업별 위험 수준에 따라 맞춤형 기준을 마련해야 한다. 예를 들어 에너지, 의료, 국방, 금융과 같은 고위험 분야에는 '초고위험' 등급을 신설하고, 이에 따른 차등화된 보안 설계와 운영 기준을 마련해야 한다. 이는 EU의 AI법이나 미국의 NIST 위험관리 프레임워크를 참고할 수 있다.

또한, 보안 위협은 빠르게 진화하고 있다. 생성형 AI를 악용한 프롬프트 공격처럼 새로운 위협을 탐지·분석하고, 기업과 공유할 수 있는 'AI 위협 인텔리전스 센터'가 필요하다. 이 센터는 광주, 판교 등 AI 클러스터에 마련될 테스트베드와 연계되어, 민간 기술이 신속하게 현장에 적용될 수 있도록 돕는다.

② AI 기반 실시간 사이버 방어 체계 구축

AI 기반의 공격은 기존 보안 체계로는 막기 어렵다. 특히 전력, 철도, 금융 같은 국가 중요 시설에는 디지털 트윈 시뮬레이션을 통해 위협 상황을 가상으로 예측하고 대응하는 시스템이 필요하다. 이를 위해선 실시간 연산이 가능한 차세대 DPU 기술이 핵심이며, 엔비디아NVIDIA의 BlueField-3와 같은 연산 기반 보안 모듈 도입도 적극 고려해야 한다.

이와 더불어, 양자 암호 기반 통신 보안 체계 구축, 한국인터넷진흥원KISA과 금융보안원 등이 함께 운영하는 AI 침해 사고 대응팀AI-CERT 운영, 주기적인 모의 훈련 등이 포함되어야 한다.

③ 산학연 기반 AI 보안 인력 양성 체계화

AI 보안 수요는 폭발적으로 늘고 있지만, 관련 인재는 턱없이 부족하다. 이를 해결하기 위해 AI 보안 관련 전공 학과를 확대하고, 실전형 교육 체계를 마련해야 한다. KAIST, POSTECH 등 주요 과학기술대학에 'AI 사이버방어학과'를 신설하고, 국방·경찰기관과 연계한 훈련 프로그램을 병행해야 한다.

또한, 적대적 머신러닝 대응, 프롬프트 인젝션 방지 기술 등 고난도 보안 알고리즘 개발을 위한 민관 R&D 협력 체계도 강화되어야 한다.

이러한 기술은 중소기업과 스타트업에 무상 이전되어야 하며, 이를 위한 오픈소스 생태계 조성도 필수다. 예를 들어 'K-AI Sec Lab'을 통해 취약점 공유, 버그 바운티, 공공 AI 보안 테스트 제도가 운영될 수 있다.

④ 글로벌 AI 보안 협력 및 표준 선도

AI 보안은 어느 한 나라의 문제로 끝나지 않는다. 그렇기 때문에 우리나라는 동남아 주요국과 함께 'ASEAN-한국 AI 보안 동맹'을 구성하고, AI 보안 역량 강화 센터를 현지에 설립함으로써 한국형 보안 기술의 글로벌 진출 기반을 마련할 수 있다.

또한, MIT, 케임브리지대 등과 공동으로 AI 보안 연합연구소를 설립해 글로벌 위협 정보, 대응 알고리즘, 사례 등을 축적하고 공유해야 한다. UN의 인터넷거버넌스포럼[IGF] 등에서 AI 무기화 방지 결의안을 상정하는 등 국제적인 윤리와 안보 기준 제정에도 우리나라가 주도적으로 참여할 필요가 있다.

AI 뉴딜 정책, 우선순위를 토대로 단계적으로

앞서 제시된 7대 미래 성장동력 창출 정책과 9대 인프라 혁신 정책은 상호 밀접하게 연계되어 있어 통합적으로 추진되어야 한다. 각 전략은 개별 분야를 다루고 있지만, 궁극적인 목표를 달성하려면 전략 간 교차 지원과 조화로운 우선순위 설정이 필수적이다. 본 장에서는 이러한 전략들 간의 연계 구조와 단계적 우선 추진 방안을 설명한다.

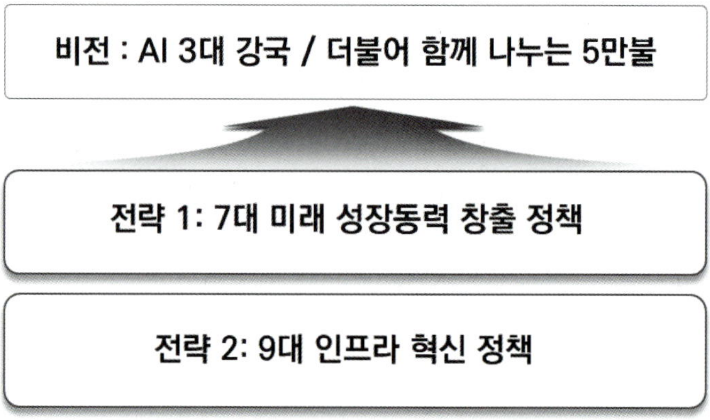

비전 : AI 3대 강국 / 더불어 함께 나누는 5만불

전략 1: 7대 미래 성장동력 창출 정책

전략 2: 9대 인프라 혁신 정책

[그림 41] 성과 전략과 인프라 전략의 연계 구조

[그림 41]은 인프라 전략이 성장동력 창출 전략을 받쳐 주고, 이 두 축의 결합이 국가 비전 달성으로 이어지는 계층적 구조를 보여 준다. 구체적으로 살펴보면 다음과 같다.

인재, 데이터, 컴퓨팅(기반) → AI 기술 개발, 산업 활용(성과)

인재 확보와 데이터·컴퓨팅 인프라는 모든 성장 전략의 기반이다. 예컨대 제조업의 AX_{AI 전환}를 위해서는 AI 역량을 갖춘 인력, 학습용 데이터, 고성능 연산 인프라가 필수다. 스타트업도 마찬가지로, 이 세 요소가 충실히 갖춰질 때 유니콘으로의 성장이 가능하다. 따라서 인프라 전략 없이는 성과 전략이 작동하기 어렵다.

법·윤리·제도(기반) → AI 확산과 사회수용성(성과)

윤리와 규제 합리화 전략은 AI 기술이 사회 각 분야에 원활히 확산되는 촉매제이다. 공공 서비스 혁신이나 중소기업 AI 전환도 윤리적 이슈나 규제 장벽에 막히면 진행되지 않는다. 예컨대 의료 AI를 널리 쓰려면 의사와 환자가 윤리적으로 신뢰되어야 하고_{윤리 기반}, 의료법 등 제도가 뒷받침되어야 한다_{규제 합리화}. 교육에서도 AI 튜터가 교실에 들어오려면 교원 사회의 수용성이 관건이다. 그러므로 신뢰 구축과 제도 정비는 성장동력 창출 전략의 실행 환경을 조성하는 역할이며, 미래 성장동력이 제대로 창출될 수 있게 하는 조건적 기반이다.

투자·거버넌스(기반) → 모든 전략 추진력 강화

투자 전략은 재정과 자본 공급 측면에서 모든 성과·기반 전략의 엔진 역할을 한다. 충분한 예산과 민간 투자가 뒷받침될 때 제조 혁신,

창업 육성, 인재 양성 등 각종 프로그램이 실효성을 가진다. 거버넌스 전략은 이러한 노력들이 일관되고 효율적으로 이루어지도록 조율한다. 거버넌스는 성장동력 창출 전략_{예: 제조, 스타트업, 공공 등}간, 또 인프라 혁신 전략_{인재, 인프라 등}간 균형 투자를 리드해야 한다. 투자 우선순위 결정이나 부처 협업은 거버넌스 몫이므로, 잘 설계된 거버넌스 없이는 산발적·중복적 추진으로 자원 낭비가 우려된다. 즉 투자와 거버넌스 기반은 전체 전략의 추진력을 높이고 방향을 잡아주는 연계 축이다.

성장동력 창출 전략 상호 연계

성장동력 창출 전략들끼리도 상호 보완적이다. 예를 들어, 제조업 AX에서 개발된 솔루션은 중소기업 AI 전환에서 활용될 수 있다. 대기업 공장에서 검증된 AI 기술을 중소 공급망으로 확산하는 식이다. 스타트업 육성 전략으로 성장한 AI 스타트업이 공공 서비스 혁신 사업에 참여하여 혁신을 일으킬 수도 있다. AI 융합 신산업에서 개발된 첨단 기술이 다시 제조나 의료 등 전통 산업에 피드백되어 변화를 주기도 한다. 이러한 크로스오버를 장려하기 위해 정책 설계 시 부처 간 협동 사업을 만들고, 예산도 공동 배분하는 연계가 필요하다.

인프라 혁신 전략 상호 연계

인프라 혁신 전략들도 떼려야 뗄 수 없다. 인재 양성은 교육제도 개선뿐 아니라 투자와 연결되어야만 장학금, 교육 시설 확보를 가능하게 한다. 데이터 전략과 윤리 전략은 개인정보 보호 이슈에서 만난다. 데이터 개방을 추진하되 윤리 원칙을 지키는 식으로 함께 가야 한다. 컴퓨팅 인프라와 투자도 예산 투입 문제에서 밀접하게 연계되며, 컴퓨팅 인프라 확충은 탄소중립 등 규제와도 연관된다. 거버넌스는 모든 인프라 정책의 조율자이다. 따라서 인프라 전략들은 동시에 진전되어야 하며, 어느 하나라도 소홀히 하면 다른 분야 전략도 차질을 빚게 될 것이다.

[그림 42] 성장동력 창출 전략과 인프라 혁신 전략의 관계

요약하면, 미래 성장동력 창출 전략 7개와 인프라 혁신 전략 9개는 톱니바퀴처럼 맞물려 돌아가는 구조이다. 특정 전략의 성과가 다른 전략의 추진력을 높여주는 레버리지 효과가 있다. 그러므로 정부는 연계 관점에서 예산 편성과 정책 시행을 해야 한다. 예를 들어 제조업 AX 사업을 디자인할 때 인재 양성 프로그램과 데이터 공유 정책을 패키지로 구성하는 식이다. 또한 하나의 목표를 여러 전략이 협력하여 달성하도록 하는 협업 체계를 만들어야 한다.

우선순위 구조와 단계적 추진

모든 전략을 동시에 최고 수준으로 추진하면 이상적이겠지만, 자원과 시간은 한정되어 있다. 따라서 논리적·시계열적 우선순위를 설정하여 단계별로 추진할 필요가 있다. 우선순위는 긴급도, 중요도, 파급 효과 등을 고려해 정할 수 있다.

긴급도 측면에서는 GPU 확보, 인재 유출 방지, 혁신기업 보호 등이 상위이다. 중요도파급효과 측면에서는 데이터와 윤리 기반이 전 분야 영향을 미치므로 중장기적으로 중요성이 높다. 다만 데이터 개방 등은 성과가 축적되는 데 시간이 걸리므로 1단계보다는 2단계에 속도를 내면 좋다. 윤리/규범도 기술 확산과 함께 의미가 커지므로 2단계부터 제도화하고 3단계 완비를 목표로 한다. 성장동력 창출 전략 중 경제 효과가 큰 제조업, 스타트업은 초중기에 드라이브를 걸고, 사회적 영향이 큰 공공서비스 혁신, 신산업 창출은 중장기적 관점에서 지속적으로 투자한다.

이러한 기준과 구조를 토대로 정책 과제들을 단기, 중기, 장기의 3단계로 나누어 추진하는 로드맵을 그리면, [표 7]과 같다.

[표 7] AI 뉴딜 단계별 추진 일정

단계	전략 목표	주요 내용
1단계: 단기 (1~2년)	병목 해소 및 토대 구축	- 인재 확보, GPU 인프라 확충 긴급 대응 - 추가경정예산 통한 GPU 데이터센터 착공 - 해외 AI 인재 리크루팅 착수 - 민관 펀드 조성 등 투자 재원 확보 - 스타트업·유니콘 육성 조기 추진 - 규제 합리화 기반 작업 (샌드박스 도입 등) - 거버넌스 체계 정비, 컨트롤타워 구축 - 제조업 AI 전환, 중소기업과 소상공인 AI 도입 추진
2단계: 중기 (3~5년)	본격 투자 및 제도화	- 국가 AI 슈퍼컴퓨터 구축 완료, 대규모 투자 실행 - AI 특별회계 예산 집행 - 석·박사급 인재 배출 본격화 - 제조업 AI 전환, 공공 AI 혁신, 중소기업 AI 도입 가속화 - AI 윤리 인증제, 영향평가 등 윤리 제도화 - AI 기본법 등 법 제정 완료 및 정책 기반 정착
3단계: 장기 (5~10년)	성과 극대화 및 지속가능성 확보	- 신산업 창출, 세계적 AI 기업과 기술 등장 - AI로 전통산업 생산성 대폭 향상→1인당 소득 5만 달러 근접 - AI 윤리 및 사회적 수용성 정착, 기본사회 실현 - 글로벌 AI 지표 3위권 진입 (AI 준비도 등) - 민간 주도 AI 생태계 전환: 민간 투자 > 정부 투자 - 국내 인재 양성 중심 전환, 정책은 법·시장 기반으로 안정화

1단계(단기, 즉시 행동): 병목 해소와 토대 구축 중심

이 단계에서는 가장 시급한 병목을 푸는 데 자원을 집중하여야 한다. 인재 확보와 컴퓨팅 인프라 긴급 확충이 최우선이다. 현재 인재유출과 GPU 부족이 심각하므로, 당장 추가경정예산을 편성해서라도 GPU 데이터센터 구축을 시작하고, 해외 인재 리크루팅을 착수해야 하다. 또한, 투자 전략 측면에서 민관 펀드 조성 등 재원 마련 작업을 즉시 착수한다.

성장동력 창출 전략 중에서는 스타트업·유니콘 육성을 우선순위 1단계로 한다. 새로운 일자리와 혁신 창출은 스타트업에서 빠르게 나올 수 있고, 유망 스타트업이 자금 가뭄으로 무너지는 것을 막아야 한다. 아울러 제조업 AI 전환, 중소기업과 소상공인 AI 도입을 추진한다. 제조업의 경쟁력 회복과 중소 및 소상공인의 회생도 매우 시급한 과제이다. 병목 제거 차원에서 규제 합리화도 1단계 착수하여 샌드박스 대상 선정 등 기반 작업을 한다. 한편 거버넌스 정비는 전체 전략의 조율자이므로, 초기에 컨트롤타워 설치 등 체계를 잡아 놓아야 한다. 1단계는 대략 향후 1~2년을 목표로, 기초를 다지는 시기이다.

2단계(중기, 가속화): 본격 투자와 제도화

1단계에서 마련된 토대 위에, 대규모 투자 실행을 본격화하고 성과 창출을 가속화한다. 예를 들어, 국가 AI 슈퍼컴퓨터 건립이 2단계에 완성되고, AI 특별회계 예산 집행이 연간 수조~십조 원 이상 규모로 자리 잡는다. 인재 양성의 효과가 서서히 나타나 석박사 졸업생이 증가하고, 이들을 흡수할 제조업 AI 전환, 공공 AI 혁신 사업을 중점 추진한다. 중소기업 AI 전환도 2단계에 본격 확산하도록 예산을 확대한다. 동시에 윤리·신뢰 기반을 제도화하여, AI 윤리 인증제나 영향평가를 시행한다. 2단계에서는 주요 법 개정안_{예: AI 기본법}이 국회를 통과하도록 하고, 정책의 법적 기반을 다져 중장기 지속성을 확보한다. 이 시기는 3~5년 차에 해당하며, 눈에 보이는 성과_{유니콘 증가, AI 생산성 향상 수치 등}가 나오기 시작한다.

3단계(장기, 성과 극대화): 고도성과 지속 가능성

3단계에서는 전략들의 시너지가 최대화되어 본격적인 비전 성취에 가까워진다. 신산업 창출 분야에서 세계적인 기업과 기술이 나와 글로벌 시장을 선도하고, 제조업과 전통 산업은 AX로, 중소기업과 소상공인은 AI 도움으로 생산성이 크게 올라 1인당 소득 5만 달러에 근접한다. AI 윤리와 사회적 수용성도 어느 정도 자리 잡아, 국민 대다수가 AI 혜택을 누리면서 기본사회 가치가 실현된다. 이 단계에서는 국제 비교 지표에서도 대한민국이 AI Top3 수준에 오른 게 나타날 것이다_{예: 글로벌 AI 준비도 3위권 진입 등}. 거버넌스는 3단계에 이르면 민간이 주도하고 정부는 후견인 역할로 물러나는 자율적 생태계를 지향한다. 즉 민간 투자가 정부 투자보다 훨씬 커지고, 인재도 외부 유입보다 국내 양성이 더 커지며, 정책도 법과 시장 규범에 따라 안정화되는 단계이다. 대략 5~10년 이후에 해당하며, 목표에 도달하는 시기이다.

AI 선도국과의 경쟁과 협력

미국: 민간 주도 기술 패권과 국가 안보 전략

미국은 AI 기술의 원천과 응용에서 세계를 선도하는 국가로, 구글, 애플, 페이스북, 아마존 등 빅테크 기업들이 막대한 R&D 투자와 우수 인재 확보를 통해 혁신을 주도하고 있다. 2024년 기준, 전 세계에서 주목받는 AI 모델 62개 중 40개가 미국산이며, 이는 중국15개을 크게 앞선 수치다. 대표적으로 OpenAI의 GPT-4, 구글의 PaLM2 등 초거대 언어 모델이 글로벌 AI 기술을 선도하고 있다. AI 유니콘 수에서도 2025년 기준 미국은 163개 이상으로 압도적 1위다.

미국 정부는 기초 연구 투자와 규제 완화를 통해 민간 주도의 AI 혁신을 적극 뒷받침하고 있다. 2019년 트럼프 행정부는 AI 이니셔티브를 선언했고, 바이든 행정부는 2022년 '칩스와 과학법'을 제정해 반도체 및 AI에 수십억 달러를 지원했다. 2023년에는 'AI 권리장전'을 통해 AI의 안전성과 인권 보호 원칙을 제시했다. 하지만 포괄적인 AI 규제법은 아직 없으며, 민간 자율과 사후 대응 중심의 정책 기조를 유지하고 있다.

이에 비해 한국은 AI 기술 개발, 인재 규모, 민간 투자 등 거의 모든 측면에서 미국과 큰 격차를 보이고 있다. 예컨대 2024년 한국산 모델

중 글로벌 주목을 받은 사례는 LG의 ExaOne 한 건뿐이며, 인재 규모는 미국의 100분의 1 수준, 민간 투자액은 20분의 1 수준에 불과하다. 특히 GPT API 등 미국 생태계에 대한 기술 의존도도 높다.

우리나라가 미국과의 격차를 좁히려면 민관 역할 분담과 혁신 생태계 조성이 중요하다. 미국처럼 민간이 앞서가고 정부는 뒤에서 지원하는 모델이 이상적이므로, 우리나라도 민간 주도의 R&D와 창업이 활발해지도록 규제 합리화와 인센티브를 제공해야 한다. 또한, 미국이 인재를 전 세계에서 끌어모으듯, 우리도 글로벌 인재 허브로 매력도를 높여야 한다. 연구자 자유와 보상, 생활 여건 개선이 절실하다. 반면, 미국식 완전 자율 규제는 우리 현실에 맞지 않을 수 있으므로, 사회적 대화와 안전장치를 병행하되 미국 기업과 협력 관계를 긴밀히 해야 한다. 예를 들어 오픈소스 협력이나 공동연구센터 설립 등을 통해 미국의 기술 선진성과 우리나라의 응용력을 결합하는 전략이 유효하다. 핵심적으로, 미국과 직접 대등하게 경쟁하기보다는 미국과 협력하며 산업 응용 모델 등 특화 영역을 육성하는 것이 현실적이다. 반도체처럼 'AI 뉴딜'을 통해 대한민국의 강점 분야에 집중적으로 투자하여 미국과 윈윈 파트너십을 구축하는 것이 격차 극복의 한 방향이다.

중국: 대규모 투자를 통한 급부상과 통제 사이

중국은 2017년 '차세대 인공지능 발전 계획'을 통해 2030년 세계 AI 1위 국가를 목표로 설정하고, 중앙 및 지방정부 차원의 막대한 재정과 데이터를 동원하여 AI 산업을 전방위적으로 육성해 왔다. 2024년 기준, Stanford AI Index가 주목한 주요 AI 모델 62개 중 15개가 중국에서 나왔으며, 바이두, 알리바바, 텐센트, 화웨이 등 빅테크 기업이 거대언어 모델(LLM)을 앞다퉈 개발하고 있다. 알리바바의 Qwen, 바이두의 ERNIE 등은 세계적인 벤치마크 테스트에서 일정 수준 이상의 성과를 보이고 있다. AI 유니콘 수도 33개 정도에 달해 세계 2위를 차지하고 있으며, 스타트업에 대한 정책 금융과 인프라 지원도 활발하다.

중국의 최대 강점은 방대한 인구 기반의 데이터와 국가 주도의 자원 집중 전략이다. 개인정보 보호 규제가 상대적으로 느슨해 대규모 생체·행동 데이터를 AI 학습에 활용할 수 있으며, 국가 차원의 AI 클라우드 플랫폼 구축과 데이터 통합 작업도 병행되고 있다. 정부의 자금 지원은 연구개발, 상용화, 수출 연계까지 전주기에 걸쳐 광범위하게 이루어진다. 반면, GPU 수입 제한 등 대외 기술 제약과 AI에 대한 강한 검열 및 통제는 창의성과 국제 협력, 기술의 글로벌 확산에 제약 요소로 작용하고 있다. 2023년에는 생성형 AI 콘텐츠가 당국의 이념이나 가치를 벗어나지 않도록 강력한 사전심의 기준이 도입되었다.

규모 면에서 중국은 우리와 비교 불가 수준이지만, 1인당 혹은 효율 측면에서는 이야기가 달라진다. 우리나라는 인구 5천만으로 중국 14억의 1/28 수준인데, AI 경쟁력은 그보다 차이가 덜 난다. 주목할 모델 중 우리나라는 1개, 중국은 15개이면 15배 차이로 인구비(28배)보다 낮다. 이는 우리가 상대적으로 효율적인 투자를 해왔음을 시사한다. 그러나 절대적인 데이터 규모와 시장 내수, 정부 자원 동원력에서는 중국과 격차가 크다. 예컨대 자율주행 AI 훈련에 필요한 주행 데이터나 의료 AI 학습에 필요한 환자 데이터 등에서 중국은 방대한 양을 축적할 수 있다.

인재도 중국은 자체 육성 외에 해외 유학파 귀국(해국인재) 정책으로 수만 명을 불러들였다. AI 인재풀 규모에서 중국이 미국 다음이며 우리보다 10배 이상 많다. 한편, 체제 차이로 인한 격차도 있다. 중국은 안면 인식 AI를 치안에 대량 활용하지만, 우리나라는 개인정보 보호 때문에 제한적이다. 즉 우리나라는 민주주의 가치 내에서 AI 활용이 이뤄져야 하므로 중국처럼 무제한 활용할 수가 없다.

중국 모델은 우리에게 있어 양날의 검이다. 한편으로 과감한 투자와 추진력은 본받을 점이다. 우리도 범정부적 AI 프로젝트 추진, 지역 AI 센터 구축 등 중국이 한 것을 참조했다. 중국만큼은 아니더라도, 전략적 집중 투자를 늘려야 글로벌 경쟁에서 밀리지 않는다. 특히 AI 반도체 자립이나 클라우드 인프라 확충은 중국의 사례를 참고하여 적정 수준 자급률을 추구해야 한다. 다른 한편으로, 중국식 통제 강화의 부작용을 경계해야 한다. 자유로운 연구 분위기 없이는 창의적 혁신이 나오기 어렵고, 검열은 AI 경쟁력에 중장기 약점이 될 수 있다. 우리는 개방성과 민주적 가치를 지키며 AI 발전을 도모해야 함을 중국 사례가 역설적으로 보여 준다.

또한, 미·중 기술 패권 경쟁 속에서, 대한민국은 기술 안보와 산업 발전의 균형을 고려해야 한다. 미국 주도 동맹체제에서 중국과 교류가 제한될 가능성이 있지만, 동시에 중국은 거대한 시장이라 한중 AI 협력은 경제적으로 의미가 크다. 예컨대 우리의 AI 기업이 중국에 솔루션을 수출하거나, 중국 기술을 라이선스하는 등 기회도 존재한다. 따라서 중국과는 어느 정도 선을 긋되 이득 볼 건 보는 실용주의가 요구된다. 요약하면, 중국의 장점인 스케일과 속도는 배우고, 단점인 폐쇄성과 비민주성은 피하면서, 우리만의 균형 전략으로 대응해야 한다.

유럽연합(EU): 인간 중심 AI와 규범 선도의 길

EU는 민간 기술력에서는 미국·중국에 미치지 못하지만, 윤리·규범 분야에서 세계적인 AI 정책 리더십을 확보하고 있다. 2018년 AI 전략을 수립한 후 2021년에는 AI 시스템을 위험 등급에 따라 분류하고 고위험군에 대해 엄격한 요건을 부과하는 'AI 법안 AI Act'을 제안했다. 2024~25년 중 시행 예정인 이 법은 글로벌 최초의 포괄적 AI 규제법이 될 전망이다.

EU는 'Horizon Europe' 프로그램을 통해 AI 공동 연구와 인재 양성에 수십억 유로를 투자하고 있으며, GDPR을 기반으로 한 프라이버시 규제와 데이터법을 통해 AI 생태계의 투명성과 책임성을 강조하고 있다. 프랑스, 독일 등 일부 국가에서는 AI 모델 성과도 나타나고 있으나, 전체적으로는 기술 역량 측면에서 미국과는 격차가 있다.

우리나라의 기술력은 EU 주요국과 유사한 수준이지만, AI 윤리·규범 정립에서는 후발주자이다. 향후 EU의 AI 규범이 국제표준화될 경우, 이에 대비해 국내 법제 정비와 대응 전략이 필요하다. 또한, 윤리적 AI를 마케팅 포인트로 활용하는 유럽 기업들과 달리 우리 기업은 아직 윤리 경영의 전략화가 미흡하다.

EU는 개방형 공동 연구와 국제 협력에서 강점을 가지고 있다. 우리나라도 산학연 공동 프로젝트, 글로벌 협력 연구소 유치 등을 통해 EU식 협력 기반을 참고할 필요가 있다. 특히 제조업 기반이 강한 유럽과 우리나라 간에 AI를 매개로 한 공동 프로젝트 예: 독일 인더스트리 4.0과 한국 스마트팩토리 연계를 추진하면 상호 보완적 효과가 크다.

EU의 접근법에서 우리는 배울 점과 주의할 점 모두를 찾을 수 있다.

EU처럼 인간 중심·가치 중심 AI를 강조하는 것은 국민 수용성을 높이고 장기적 지속 가능성을 담보하는 데 필요하다. 우리도 이미 윤리 기준을 만들었으니, EU AI Act 동향을 참고해 국내 법제에 반영하고 국제 협력에 보조를 맞춰야 한다. 동시에 EU의 규제 접근이 가져올 부작용 혁신 저해 가능성도 경계해야 한다.

우리는 미국과 EU의 중간자 역할을 할 수도 있다. 미국식 자유와 EU식 규제의 균형점을 찾아 현실적이면서 책임 있는 AI 거버넌스 모델을 구축하면, 그것이 대한민국 AI의 브랜드 가치가 될 수 있다. 기술 개발 면에서는, EU처럼 범국가 공동 연구 체제를 강화할 필요가 있다. 유럽 다수국이 공동 프로젝트로 미국을 쫓듯, 우리나라도 산학연 및 국제 협력으로 규모의 경제를 만들어야 한다. 마지막으로, EU는 전통 제조 강국들의 협력 플랫폼이기도 하므로 대한민국 제조업과의 연계를 넓혀 AI 접목 경험을 공유하면 상호 이익이 될 것이다. 예를 들어 독일 인더스트리 4.0과 우리나라 스마트 공장의 경험 교류 등이다.

6장

국민주권 대한민국으로
가는 새로운 동력

AI 기본사회의 실현 도구, AI 뉴딜

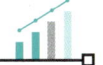

이재명 대통령이 제시한 'AI 기본사회'는 인공지능이 가져올 생산성 향상을 모두가 함께 누리고, 그로 인한 부의 축적이 사회 구성원 기본생활 보장으로 이어지는 미래상을 의미한다. 독일의 경험에서 배울 수 있듯이, 단순히 '기술을 위해 사람을 희생시키는 것이 아니라 사람을 위해 기술을 사용하고 노동자의 요구를 충족시키는 방향으로 기술 혁신을 유도'하는 철학이 바탕이 되어야 한다. 이재명 대통령의 AI 기본사회는 다음과 같은 원칙을 바탕으로 한다.

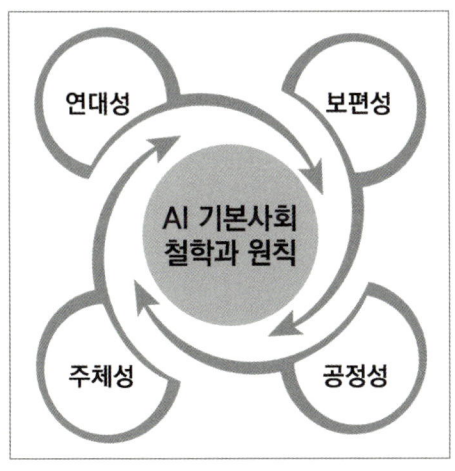

[그림 43] AI 기본사회의 철학과 원칙

첫째, 보편성이다. AI 기술의 혜택이 특정 계층이나 집단에 국한되지 않고 모든 국민에게 고르게 돌아간다.

둘째, 공정성이다. AI 시스템은 투명하고 설명 가능하며, 알고리즘에 의한 차별이나 편향이 최소화된다.

셋째, 주체성이다. 시민들은 수동적인 기술 소비자가 아닌 AI 기술의 방향과 활용에 주도적으로 참여하는 주체가 된다.

넷째, 연대성이다. 기술 발전의 과정에서 소외되는 계층이 없도록 사회적 안전망과 지원 체계가 강화된다.

AI 기본사회는 단순한 기술 진보를 넘어선 사회적 비전이다. 그것은 인공지능을 통해 더 민주적이고, 더 공정하며, 더 인간적인 사회를 만들어 가는 여정이다.

이러한 철학과 원칙을 근간으로 하는 AI 기본사회는 AI로 경제를 성장시키면서도 분배 악화를 막고 보편적 복지를 실현하겠다는 구상이다. AI 뉴딜에서 제시한 국가 비전 "더불어 함께 나누는 5만 달러 시대"는 이러한 기본사회론과 궤를 같이 한다.

경제적 번영 5만 달러과 사회적 포용 더불어 나눔이 결합된 비전이기 때문이다. 따라서 두 비전은 궁극적 지향점이 동일하며, 이재명 대통령의 공약은 본 전략의 상위 개념으로서 방향성을 제시해 준다. 정책적 연계를 구체화하면 다음과 같다.

기본사회 기조와 맥이 같다

기본사회 공약의 핵심은 AI 시대에도 '누구나 기본적인 삶을 누리는 사회'를 만들겠다는 것으로, 이는 AI 뉴딜 전략의 전반에 걸쳐 포용성을 강조한 부분과 맥을 같이 한다. 예를 들어, 중소기업·소상공인 AI 전환은 대기업과 중소기업 격차를 줄여 AI 혜택의 포용적 확산을 도모한 것이다. 공공 서비스 혁신도 농어촌·취약계층까지 AI 혜택이 닿게 하여 삶의 질을 높이겠다는 포용 정책이다. 이러한 정책들은 기본사회의 구성 요소라 할 수 있다. 즉 AI를 활용한 포용 성장이라는 큰 그림에서 이재명 대통령 공약과 본 AI 뉴딜 전략은 일치한다.

생산성 증대와 분배 개선의 선순환

이재명 대통령은 AI로 생산성이 높아지나 분배 문제가 생길 것을 우려하며, 기본사회 정책을 준비해야 한다고 했다. AI 뉴딜 전략이 제시한 미래 성장동력 창출 7대 전략은 생산성 증대를 목적으로 한다. 제조업 AI, 스타트업 육성, 신산업 창출 등은 GDP 파이를 키울 것이다. 동시에 기반 전략과 정책 제언 부분에서 분배 개선 장치를 녹여냈다. 예컨대 AI 윤리와 규제 정책에서 일자리 전환 지원, AI 영향평가 등을 통해 부정적 효과를 완화하고, 인재 정책에서 전 국민 역량 향상을 언급한 것이 그렇다. 특히 이 대통령 공약인 기본소득/기본 서비스와 연계 가능성이 있다. AI로 인한 초과이익을 재원으로 국민 기본소득 지급이나 무료 AI 서비스 제공 같은 정책이 현실화된다면, AI 기본사회가 구현된다. AI 뉴딜 전략은 그 재원과 기술 기반을 마련하는 데 초점이 있으므로, 기본사회 공약을 구현하는 실행 로드맵으로 활용될 수 있다.

정책 수단의 연계

기본사회 공약에서 제시된 정책 수단들과 AI 뉴딜 전략의 세부 과제들을 연결할 수 있다. 예를 들어 이재명 대통령은 공약에서 디지털 인프라 투자, 기본주택·기본금융 등 기본 시리즈를 언급했다. AI 인프라 투자는 디지털 인프라 투자와 같은 맥락이고, AI를 활용한 금융 혁신은 기본금융 취지 취약층 금융 접근성 제고에 기여할 수 있다. 또 대통령은 청년·교육 투자 공약도 강조했는데, AI 인재 양성과 AI 교육이 연계된다. 특히 교육에서 AI 튜터를 활용하면 개인별 맞춤 교육이 가능해지고, 이는 기본사회의 중요한 축인 교육 기회 평등에 도움을 준다. 이렇듯 구체적인 수단 면에서도 공약과 전략 간 정합성이 높다.

정치권·국민 설득력 제고

기본사회라는 큰 철학과 가치가 정책 실행 계획과 만나면, 정책의 설득력이 강화된다. 이재명 대통령 공약은 국민에게 AI 시대 비전을 제시했고, AI 뉴딜 전략은 이를 실현할 실행 계획을 제공한다. 정책 입안자와 정치인이 이 두 가지를 연계해 설명한다면, 기술적 전략이 인간적 가치와 연결되어 국민 공감을 얻기 쉽다. 예컨대 'AI 유니콘 300개 달성'이라는 목표를 그냥 경제 지표로 말하는 것보다 '양질의 일자리 창출과 기본소득 재원 확보를 위한 것'이라고 기본사회와 연결하면 설득력이 높아진다. 이는 정책 추진의 국민적 공감대와 동력 확보에 유리하다.

AI 기본사회는 단순한 기술 진보를 넘어선 사회적 비전이다. 그것은 인공지능을 통해 더 민주적이고, 더 공정하며, 더 인간적인 사회를 만들어가는 여정이다. 독일이 인더스트리 4.0과 함께 '노동 4.0'을 추진했듯이, 우리도 기술 발전과 함께 사회적 가치를 고려해야 한다.

포용적 혁신 성장으로 향하는 질주, AI 뉴딜

AI 뉴딜이 추구하는 혁신은 단순한 경제성장이나 기술적 진보에 머무르지 않는다. AI 뉴딜은 '포용적 혁신 성장'이라는 새로운 패러다임을 지향하며, 기술 발전이 사회적 불평등을 심화시키는 것이 아니라, 오히려 불평등을 해소하고 모든 구성원이 함께 번영하는 길로 나아가야 한다는 철학을 담고 있다.

이러한 방향성은 유럽연합EU이 2025년 발표한 'AI 컨티넨트 액션 플랜AI Continent Action Plan' 등 국제사회 주요 정책에서도 확인된다. 이 플랜은 AI 혁신을 통해 경제 경쟁력과 생산성을 높이는 동시에, 신뢰성과 포용성, 지속 가능성, 사회적 가치 실현을 핵심 목표로 삼고 있다. 구체적으로는 AI 인프라와 데이터 접근성 확대, AI 기술의 사회 전반 확산, 디지털 역량 강화, 그리고 AI가 의료·교육·환경 등 다양한 분야에서 시민 모두에게 실질적 혜택을 제공하도록 하는 정책이 추진되고 있다.

또한, 유엔무역개발회의UNCTAD가 2025년 발표한 '기술과 혁신 보고서' 역시 AI를 활용한 혁신이 사회적 포용과 지속 가능한 발전을 이끌어야 하며, 기술의 혜택이 특정 계층에 집중되지 않고 모두에게 공평하게 돌아가야 한다고 강조한다. 이를 위해 인프라 구축, 데이터 활용, 인재 양성 등 다각도의 정책적 노력이 요구된다고 지적한다.

즉 AI 뉴딜이 지향하는 '포용적 혁신 성장'은 최신 글로벌 정책 트

렌드와도 맥을 같이 하며, 기술 발전이 사회적 불평등을 해소하고 모든 시민이 함께 번영하는 미래를 목표로 하고 있다. AI 뉴딜이 그리는 AI 기본사회 미래의 모습은 다음과 같다.

[그림 44] AI 뉴딜이 그리는 AI 기본사회 미래의 모습

디지털 격차가 해소된 미래

AI 기본사회에서는 나이, 지역, 소득, 직업에 관계없이 모든 국민이 디지털 기술의 혜택을 동등하게 누린다. 농어촌의 고령자도 AI 음성비서를 통해 손쉽게 정보를 검색하고, 저소득층 학생들도 최신 AI 교육 플랫폼에 접근할 수 있다.

'모든 이해당사자들을 함께 참여시켜' 변화를 이끌어 내는 독일의 사례에서 보듯이, 우리가 구현할 AI 기본사회에서는 '디지털 소외'라는 말이 사라진다. 모든 공공장소에 무료 와이파이가 제공되고, 기초 생활 수급자와 취약계층에게는 디지털 기기와 데이터 이용권이 지원되며, 전국 곳곳에 설치된 'AI 리터러시 센터'를 통해 누구나 필요한 디지털 역량을 기를 수 있다.

일자리 전환이 성공적으로 이루어진 미래

AI 기술의 발전은 일자리 지형에 큰 변화를 가져온다. 그러나 역사적으로 '1차 산업혁명 당시 방적 작업의 기계화로 숙련공이 대량 해고되면서 기계 파괴 운동 Luddite movement이 일어났듯이 각 산업혁명 시기마다 갈등이 있었다'는 사실을 기억해야 한다. AI 기본사회에서 이러한 변화는 대량 실업의 위기가 아닌, 더 나은 일자리로의 전환 기회가 된다.

반복적이고 위험한 작업은 AI와 로봇이 대체하고, 인간은 창의성, 공감 능력, 판단력이 필요한 영역에 집중한다. 독일 노동계가 "디지털 기술이 도입되면 초기에 개입하여 관련된 상황을 파악하고 고용과 노동에 미치는 영향을 공론화해 양질의 일자리를 위한 개선 방안을 제시"하듯이, 우리도 'AI 일자리 전환 지원 시스템'을 통해 위기에 처한 직군의 노동자들이 새로운 직무로 원활하게 이동할 수 있도록 지원할 것이다.

지역 격차가 해소된 균형 발전 미래

AI 기본사회는 수도권과 지방의 격차를 해소하는 균형 발전 사회다. 디지털 기술은 물리적 거리의 제약을 넘어서기에 지역에 관계없이 양질의 일자리와 교육, 의료, 문화 서비스에 접근할 수 있게 된다.

지역별 특화 AI 클러스터가 조성되어 각 지역의 강점을 살린 혁신 생태계가 형성된다. 대구의 의료 AI, 광주의 문화 콘텐츠 AI, 부산의 해양 물류 AI, 강원의 스마트 관광 AI 등 특성화된 산업 클러스터가 전국에 분산되어 있다. 소프트웨어 개발자가 꼭 서울에 있을 필요가 없는 세상, 고급 의료 서비스가 지방에서도 제공되는 세상이 바로 AI 기본사회의 모습이다.

맞춤형 공공 서비스가 실현된 미래

AI 기본사회에서 국민들은 개인화된 맞춤형 공공 서비스를 경험한다. 행정, 교육, 의료, 복지 등 모든 공공 서비스가 개인의 상황과 필요에 맞게 최적화되어 제공된다.

학생들은 개인의 학습 속도와 스타일에 맞춘 AI 맞춤형 교육과정을 통해 잠재력을 최대한 발휘한다. 환자들은 AI 의료 시스템을 통해 자신의 유전 정보, 생활습관, 병력 등을 종합적으로 고려한 정밀 의료 서비스를 받는다. 복지 서비스는 더 이상 신청하지 않아도 AI가 개인의 상황을 파악하여 필요한 서비스를 선제적으로 추천하고 연결해준다.

디지털 민주주의가 구현된 미래

AI 기본사회는 디지털 기술을 통해 더욱 심화된 민주주의를 구현한다. 국민들은 AI 기반 정책 참여 플랫폼을 통해 정책 결정 과정에 손쉽게 참여하고, 자신의 목소리를 효과적으로 전달할 수 있다.

복잡한 정책 이슈도 AI 설명 시스템을 통해 쉽게 이해할 수 있으며, 빅데이터 기반 시뮬레이션으로 다양한 정책 옵션의 예상 결과를 비교해 볼 수 있다. 지방자치단체는 AI 참여 예산 시스템을 통해 주민들의 의견을 실시간으로 수렴하고, 행정 서비스의 품질과 만족도를 지속적으로 개선한다.

이러한 디지털 민주주의의 구현은 단순히 기술적 차원의 문제가 아니라, 민주주의의 본질인 '국민주권'을 디지털 시대에 맞게 재해석하고 강화하는 과정이다.

모두가 행복한 5만 달러 시대, AI 뉴딜로 열자

AI 뉴딜은 단순한 기술 진흥 전략이 아니다.

이 정책은 국민 모두가 더 풍요롭고 행복한 삶을 누리는 선진국 도약의 국가 비전이다. 우리가 지향하는 '1인당 국민소득 5만 달러 시대'는 단순한 경제적 수치의 달성을 의미하지 않는다.

"국가 경제가 일정 수준 이상 성장하면, 그 다음엔 소득 불평등이 더 심각한 문제가 된다"는 지적처럼 성장의 과실이 특정 계층에만 쏠리게 해서는 안 된다. AI 기본사회가 추구하는 5만 달러 시대는 국민 모두에게 고르게 돌아가는 포용적 번영의 시대이다. 다시 말해, 경제적 풍요가 실질적인 삶의 질 향상으로 이어져야만 AI 뉴딜이 진정한 의미를 갖는 것이다.

우리는 이미 경험을 통해 알고 있다. '2006년 2만 달러를 넘긴 뒤, 3만 달러에 도달하기까지 12년이라는 시간이 걸렸다'는 것을. 소득 수준을 끌어올리는 일은 결코 쉽지 않다. 더욱이 소득이 일정 수준을 넘어서면, 행복감이 더는 함께 상승하지 않는다는 '소득-행복의 역설'도 존재한다.

따라서 이제는 단순한 성장 지표를 넘어, 국민의 행복과 삶의 질을 중심에 둔 새로운 접근이 필요하다. AI 뉴딜은 바로 그 전환의 핵심 전략이 될 수 있다.

새로운 경제적 번영의 시대

AI 기술은 생산성을 혁명적으로 향상시키고, 기존 산업의 한계를 뛰어넘어 새로운 부가가치를 창출한다. 제조업은 AI 기반 스마트 팩토리를 통해 생산 효율성과 품질을 높이고, 서비스업은 개인화된 고객 경험을 제공하여 새로운 가치를 창출한다. 농업은 정밀 농업 기술로 생산성을 높이고, 물류는 AI 최적화 시스템으로 비용을 절감한다.

일본 도쿄대 명예교수 이토 모토시게의 지적처럼 "3만 달러로의 진입은 가격 경쟁력과 원가 절감으로 도달할 수 있지만, 4만 달러로의 도약은 생산성 혁신이 뒷받침되지 않으면 불가능하다." AI는 바로 이 생산성 혁신의 핵심 도구이다.

AI 뉴딜은 전 산업의 AI 전환을 통해 우리 경제가 연간 2~3% 이상의 지속 가능한 성장을 달성하도록 하고, 1인당 국민소득 5만 달러 시대를 열게 할 것이다. 더 중요한 것은 이러한 경제적 성과가 양질의 일자리 창출과 소득 증대로 이어져 국민 모두가 체감할 수 있는 번영을 가져온다는 점이다.

[그림 45] AI 기본사회와 국민소득 5만 달러 시대

일과 삶의 균형이 이루어진 여유로운 사회

AI 기본사회에서는 경제적 효율성만큼이나 일과 삶의 균형, 여가의 질, 정신적 풍요로움이 중요한 가치로 자리 잡는다. AI와 로봇이 반복적인 일을 대체함으로써 인간의 노동 시간은 줄어들고, 창의적인 활동과 여가를 위한 시간은 늘어난다.

점진적으로 주 4일 근무제가 확산되고, 원격 근무와 유연 근무가 일상화되면서 장시간 노동에 의존한 저효율 성장 방식으로 인해 정체된 노동생산성, 일과 삶의 불균형 문제가 해소된다. 이로 인해 가족과 함께하는 시간, 자기계발을 위한 시간, 지역사회 참여 시간이 늘어나며, 결과적으로 국민의 정신적 행복도와 삶의 만족도가 높아진다.

"노동 시간을 줄이면서도 생산성은 높아져야 하며 높아진 생산성은 임금 인상으로 이어져야 한다"는 AI 기본사회의 목표는 AI 뉴딜로 실현한다.

지속 가능한 미래를 보장하는 녹색 성장

AI 기본사회는 경제성장과 환경 보전이 조화를 이루는 지속 가능한 발전 모델을 추구한다. AI 기술은 에너지 효율화, 자원 순환, 오염 감시, 기후 변화 대응 등 환경 문제 해결에 혁신적인 솔루션을 제공한다.

AI 기반 스마트 그리드는 에너지 소비를 최적화하고, AI 교통 관리 시스템은 도로 혼잡과 배기가스를 줄인다. 정밀한 환경 모니터링 시스템은 오염원을 신속하게 식별하고 대응하며, AI 기반 자원 순환 시스템은 폐기물을 최소화한다.

이처럼 AI 뉴딜은 단기적인 경제 성과를 넘어, 우리 아이들과 미래 세대가 건강하고 풍요로운 환경 속에서 살아갈 수 있는 지속 가능한 발전 모델을 구축한다.

국민 모두가 인간다운 삶을 누리는 사회

무엇보다 AI 기본사회의 궁극적인 목표는 모든 국민이 인간으로서의 존엄성을 지키며 행복한 삶을 영위할 수 있는 사회를 만드는 것이다. AI 기술은 취약계층의 자립을 지원하고, 복지 사각지대를 해소하며, 보건의료 서비스의 접근성을 높이는 데 활용된다.

장애인은 AI 보조 기술을 통해 더 많은 기회와 자유를 얻고, 고령자는 AI 돌봄 서비스로 독립적인 생활을 유지한다. 저소득층 아동은 AI 교육 플랫폼을 통해 양질의 교육 기회를 얻으며, 지방의 환자들도 AI 원격 의료를 통해 최고 수준의 의료 서비스에 접근할 수 있다.

이처럼 AI 뉴딜은 기술의 발전이 궁극적으로 인간의 존엄성과 행복을 증진하는 방향으로 나아가도록 하는 인간 중심의 정책 비전이다. 5만 달러 시대는 단순한 숫자의 달성이 아니라, 모든 국민이 인간다운 삶을 영위할 수 있는 포용적 번영의 시대로 기억될 것이다.

이재명 대통령의 AI 기본사회는 기술과 인간, 혁신과 포용, 성장과 분배, 효율성과 공정성이 조화를 이루는 새로운 미래 비전이다. 그것은 디지털 전환의 시대에 국가의 역할과 방향성을 명확히 제시하고, 모든 국민이 AI의 혜택을 누리는 공정사회로 나아가는 것과 같다.

AI 뉴딜을 통해 우리는 디지털 격차를 해소하고, 양질의 일자리를 창출하며, 지역 균형 발전을 이루고, 맞춤형 공공 서비스를 제공하며, 디지털 민주주의를 심화시킬 것이다. 그리고 이를 통해 국민 모두가 풍요롭고 행복한 5만 달러 시대를 열어갈 것이다.

국민주권 선진 대한민국을 향한 여정, AI 뉴딜로 함께 만들어 나가자.

AI 기본사회 구현 전략

1판 1쇄 인쇄   2025년 7월 4일
1판 1쇄 발행   2025년 7월 15일

지은이 | 노규성
펴낸이 | 박정태
편집이사 | 이명수   출판기획 | 정하경
편집부 | 김동서, 박가연
마케팅 | 박명준, 박두리   온라인마케팅 | 박용대
경영지원 | 최윤숙

펴낸곳   주식회사 광문각출판미디어
출판등록   2022. 9. 2 제2022-000102호
주소   파주시 파주출판문화도시 광인사길 161 광문각 B/D 3층
전화   031)955-8787
팩스   031)955-3730
E-mail   kwangmk7@hanmail.net
홈페이지   www.kwangmoonkag.co.kr

ISBN   979-11-93205-65-5 03320
가격   19,000원

이 책은 무단전재 또는 복제행위는 저작권법 제97조 5항에 의거
5년 이하의 징역 또는 5,000만 원 이하의 벌금에 처하게 됩니다.

저자와 협의하여 인지를 생략합니다.
잘못 만들어진 책은 바꾸어 드립니다.